BUNRI'S

レディー&ジェントルマン・エリート教育

西武学園文理高等学校

《平成25年度主要大学合格実績》

東京大学4名（22年連続合格！）

国公立大学医学部6名合格・今年も旧7帝大何れも合格

[学校および入試説明会]

第1回　9月28日(土)
第2回 10月19日(土)
第3回 10月26日(日)
第4回 11月23日(土)
いずれも14:00～

[エリート選抜東大クラスおよび特待生説明会]

第1回 10月26日(土)
第2回 11月16日(土)
いずれも14:00～

[理数科説明会]

第1回 10月19日(土)
第2回 11月23日(土)
いずれも14:00～

[英語科説明会]

第1回　9月28日(土)
第2回 11月16日(土)
いずれも14:00～

平成25年度 主要大学合格実績

国公立大学100名突破！

☆東京大4名(22年連続合格) 京都大1名
☆医歯薬獣医100名以上合格！
☆国公立大学医学部6名合格
☆今年も旧7帝大何れも合格達成
☆私立大学1452名合格！

〒350-1336　埼玉県狭山市柏原新田311-1　☎04(2954)4080(代)　http://www.bunri-s.ed.jp/

◇スクールバス「西武文理」行き終点下車
西武新宿線「新狭山駅」北口(約8分)
JR埼京線・東武東上線「川越駅」西口(約20分)
JR八高線・西武池袋線「東飯能駅」東口(約25分)
西武池袋線「稲荷山公園駅」(約20分)
東武東上線「鶴ヶ島駅」西口(約20分)

◇西武バス「西武柏原ニュータウン」下車
西武新宿線「狭山市駅」西口下車「西武柏原ニュータウン」行き(約15分)
西武新宿線「新狭山駅」北口下車「かすみ野」行き(約10分)

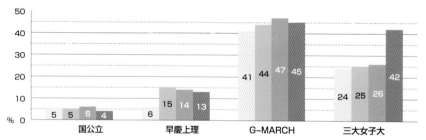

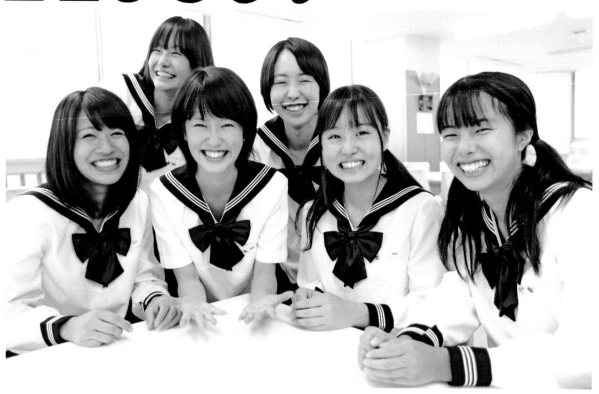

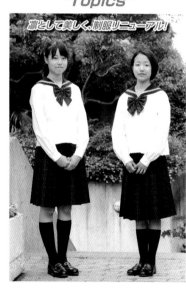

Success15 fifteen
サクセス15
October 2013
10
http://success.waseda-ac.net/

CONTENTS

一流中学
高校受験

早稲田アカデミー

information
ーインフォメーションー

早稲田アカデミー
各イベントのご紹介です。
お気軽にお問い合わせください。

中2・3対象 日曜特訓講座

お申し込み受付中
お近くの早稲田アカデミー各校舎までお気軽にどうぞ

一回合計5時間の「弱点単元集中特訓」！

難問として入試で問われることの多い“単元”は、なかなか得点源にできないものですが、その一方で解法やコツを会得してしまえば大きな武器になります。早稲田アカデミーの日曜特訓は、お子様の「本気」に応える、テーマ別集中特訓講座。選りすぐりの講師陣が、日曜日の合計５時間に及ぶ授業で「分かった！」という感動と自信を、そして揺るぎない得点力をお子様にお渡しいたします。

中２必勝ジュニア　中２対象

科目…英語・数学　時間…13：30～18：45
日程…9/15・29、10/13、11/10、12/8、1/19

「まだ中２だから……」なんて、本当にそれでいいのでしょうか。もし、君が高校入試で開成・国立附属・早慶などの難関校に『絶対に合格したい!』と思っているならば、「本気の学習」に早く取り組んでいかなくてはいけません。大きな目標である『合格』を果たすには、言うまでもなく全国トップレベルの実力が必要となります。そして、その実力は、自らがそのレベルに挑戦し、自らが努力しながらつかみ取っていくべきものなのです。合格に必要なレベルを知り、トップレベルの問題に対応できるだけの柔軟な思考力を養うことが何よりも重要です。さあ、中２の今だからこそトライしていこう!

中3日曜特訓　中３対象

科目…英語・数学・理社　時間…13：30～18：45
日程…9/8・15、10/6・20、11/10・17、12/1・8

いよいよ入試まであと残りわずかとなりました。入試に向けて、最後の追い込みをしていかなくてはいけません。ところが「じゃあ、いったい何をやればいいんだろう?」と、考え込んでしまうことが多いものです。

そんな君たちに、早稲田アカデミーはこの『日曜特訓講座』をフル活用してもらいたいと思います。1学期の日曜特訓が、中1～中2の復習を踏まえた基礎力の養成が目的であったのに対し、2学期の日曜特訓は入試即応の実戦的な内容になっています。また、近年の入試傾向を徹底的に分析した結果、最も出題されやすい単元をズラリとそろえていますから、参加することによって確実に入試での得点力をアップさせることができるのです。よって、現在の自分自身の学力をよく考えてみて、少しでも不安のある単元には積極的に参加するようにしてください。1日たった5時間の授業で、きっとスペシャリストになれるはずです。さあ、志望校合格を目指してラストスパート!

中3 作文コース

公立高校の記述問題にも対応
国語の総合力がアップ

演習主体の授業＋徹底添削で、作文力・記述力を徹底強化！

推薦入試のみならず、一般入試においても「作文」「小論文」「記述」の出題割合は年々増加傾向にあります。たとえば開成の記述、慶應女子の 600字作文、早大学院の 1200字小論文や都県立推薦入試や一般入試の作文・小論文が好例です。本講座では高校入試突破のために必要不可欠な作文記述の“エッセンス”を、ムダを極力排した「演習主体」のカリキュラムと、中堅校から最難関校レベルにまで対応できる新開発の教材、作文指導の“ツボ”を心得た講師陣の授業・個別の赤ペン添削指導により、お子様の力量を合格レベルまで引き上げます。また作文力を鍛えることで、読解力・記述式設問の解答能力アップも高いレベルで期待できます。

- **9月～12月**（月４回授業）
- **毎　週**　月・火・水・木・金・土のいずれか（校舎によって異なります）
- **時　間**　17：00～18：30（校舎によって異なります）
- **入塾金**　21,000円（基本コース生は不要）
- **授業料**　12,000円／１ヶ月（教材費を含みます）

9月開講 受付中

お気軽にお問い合わせください。
早稲アカ紹介DVDお送りします

「日曜特訓講座」「作文コース」に関するお申し込み・お問い合わせは最寄りの
早稲田アカデミーまたは **本部教務部 03（5954）1731** まで

トウダイデイズ

現役東大生が東大での日々と受験に役立つ勉強のコツをお伝えします。

Vol.007

東大の特殊な仕組み 進学振り分け

text by 平(ひら)

新学期が始まり、ひたすら勉強に打ち込む人が増えてきたころでしょうか。9月の東大生は、日本各地や海外へ出かける学生が多く、みんな自由に夏休みを過ごしています。この時期は大学生しか休みでないので、8月よりお得に旅行へ行けたりするよい時期です。自動車免許を取るのにもちょうどよい期間なので、まだ免許を取っていない人は教習所に通ったりもします。

ただし、2年生はのんびりと夏休みを過ごしているようにみえて、心のなかは戦々恐々としている人が多いかもしれません。なぜなら9月は、進学振り分け（以下、進振り）の内定が出る月だからです。東大では、1～2年生のうちは希望学部にかかわらず、全員が教養学部に所属し、2年生の夏に行われる進振りでそれぞれどの学部に進学するかが決まります。この進振りは、2年生の成績をもとに行われるため、成績がよいほど1回目の進振りで希望学部の内定が取れ、9月の初頭で進学先が決まります。もし1回目で決まらなければ、2回目の進振りに挑むことになり、進学先が決定するのは、最も遅いと9月末になってしまいます。この文章を書いている時点ではまだ内定が出ていないので、私自身も戦々恐々としています。

進学振り分けのシステムを見て思うのは、やはり行きたいところへ行くには、計画を立てたうえで勉強することが大切だということです。受験の終着駅のように思われることの多い大学ですが、その先にも似たような障害や競争はあるでしょう。大学受験の際には「選択肢が広いから」という理由だけで東大に来るのはあまりおすすめできません。どこの学部でもいいと思っていると、どこの学部にも進学できない恐れがあるからです。

さて、今月は最近の東大の教育改革を紹介します。中学生のみなさんが、将来大学に入るときにかかわってくる制度なので、よければ知っておいてください。

東大の入学が秋になるという話がありましたが、それに向けて現時点で導入が決まったのが、4学期制という仕組みです。東大では3年後に導入されるようですが、早稲田大ではすでに導入されており、慶應義塾大でも来年から徐々に導入される予定です。東大では4～5月を1学期、6～8月を休みにして、9月以降を2～4学期に分ける案と、現在の1・2学期をさらに2分割する案の2つが検討されており、それぞれの学部ごとに決まるようです。この制度は、海外のサマースクールへ積極的に参加できるようにと考えられたものです。

東大では、同時期に後期入試が廃止され、推薦入試が始まります。まだ詳細は明らかにされていませんが、推薦での合格者は入学後も特別カリキュラムが用意されるという話です。

4学期制の導入でわかると思いますが、東大だけでなく、他の大学も秋入学に向けての準備が着々と進んでおり、みなさんが大学へ進学するころには、大学のシステムが大きく変わりそうです。新しいシステムばかりで戸惑うかもしれませんが、新たな可能性も出てくるはずなので、その機会をぜひ活かしてください。

模試を有効活用して合格を勝ち取る！

夏休みも終わり、これから模試を受けることが多くなります。
そこで今月は、模試に対してどう向き合い、
模試をどう生かしていったらよいのかを紹介します。
お話ししてくれたのは、早稲田アカデミー
高校入試部門統括責任者・酒井和寿先生です。

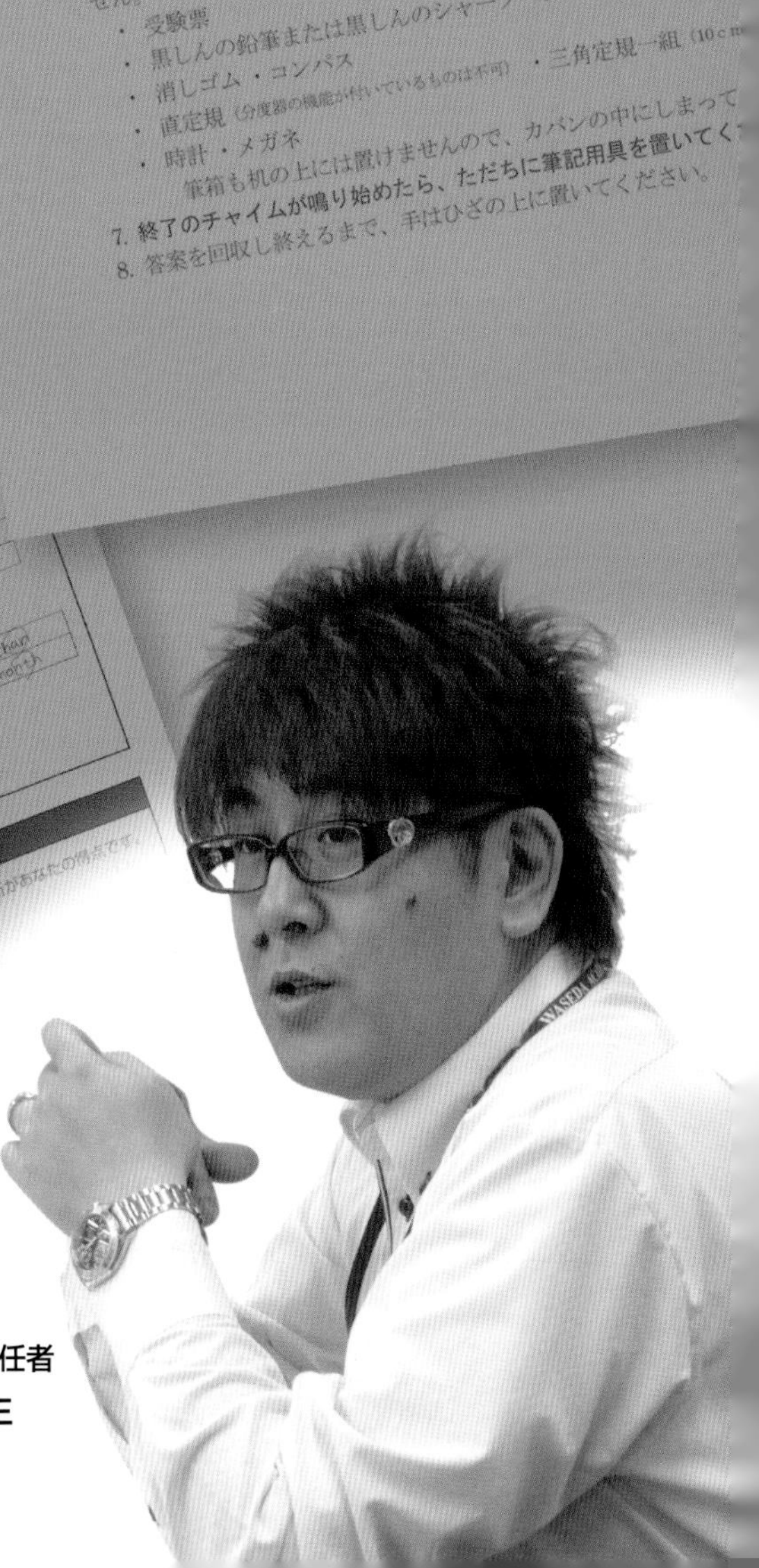

早稲田アカデミー
高校入試部門統括責任者
酒井 和寿先生

模試を受けることで 次の指針を立てることが大切

中1や中2だけではなく、中3でも数カ月先の入試は遠い先のことのように思えてしまいます。入試を目標に順調に成績が伸びていけばよいですが、漠然と「○○高校合格」という目標があったとしても、モチベーションの維持などがなかなか難しく、目標に向かってなにをすればよいのか、という計画が立てづらいという場合があります。

そのため、1カ月などのスパンで模試を受験することによって短期的な目標設定ができ、到達度のチェックもできます。一歩一歩階段を登っていくように、次の模試までにクリアしていく課題を見つけ、そこに向かって勉強していくことで、入試まで着実に学力を養成していくことができるのです。

模試にはエリア別と 学校別のものがあります

高校入試の模試は、大きく分けてエリア別のものと志望校別のものがあります。

公立高校入試の場合は、住んでいる都県の公立校だけを受験するので、都県内の中学生を対象にした模試を受けることで、その都県における相対的な順位を知ることができます。

志望校別の模試は、その学校を志望している生徒が受けるものです。同じ学校を受験するライバルたちとの位置関係を把握することができるので、志望校判定などでは、より正確なものが出ます。

ポイント

同じ模試を受けることで 成績の推移がわかる

偏差値のところでも説明しましたが、模試の母集団が変われば、成績の出方も変わります。そのため、いろいろな業者の模試を受けることは得策ではありません。同じ業社の模試であれば、母集団が大きく変わることはないので、自分の成績推移がわかります。つまり、同じ模試を継続的に受けることで、これまでの自分の成績と比較ができるわけです。

前回の自分の偏差値と今回の偏差値を比べて、グラフがあがっているのか、下がっているのかを見ることで自分自身に対する評価ができるので、ぜひ確認してほしい部分です。あがっていればこれまで通りの勉強を続ければよいですし、下がっていれば、これまでの勉強のやり方に問題がある可能性があるので、見直しを検討する必要があるでしょう。

偏差値の秘密 模試によって偏差値が異なる

偏差値は、その模試の母集団がどのようなものかによって、数字が大きく異なります。そのため、ひとつの模試での数字だけを絶対視してはいけません。

例えば、開成のような超難関校の受験を考えている受験生であれば、都や県というエリアを対象とした模試を受けた場合、70近い偏差値が出るでしょう。なぜなら、そうした模試はさまざまなレベルの学力の人たちが受けるものであり、そうした母集団のなかでは、開成レベルを受験する生徒の成績は相対的に上位数%に入るからです。

ただ、その受験生が開成オープン模試など、同じ学校を志望する生徒たちが受ける模試を受けた場合、その母集団はエリア別の模試において上位数%にいる人たちが大半を占めることになります。すると、エリア別で70に近い偏差値が出ていても、開成オープン模試では40という数字が出ることもあるのです。同じ学力であるにもかかわらず偏差値が70であったり、40になったりするのです。

こうした偏差値の仕組みをしっかり知っておかないと、数字に踊らされてしまうことになります。これは受験生だけではなく、保護者の方にもぜひとも知っておいていただきたいことです。

模試の

一喜一憂ほど ムダなことはない!

模試の成績がよかった、悪かったということで一喜一憂したくなる気持ちはわかりますが、結果に振り回されてはいけません。模試の判定はあくまで参考データであり、最終的には志望校に合格することが目的です。

ですから、ただ偏差値や合格判定の数値を見るのではなく、模試の結果を正確に分析できる人に判定してもらいましょう。そして、結果をしっかりと受け止め、新しくわかった自分の課題に取り組んでください。

中1・中2の時期に受ける模試は 単元の習熟度の確認に

中1・中2の時期に行われる模試は、中3で行われる模試に比べると母集団が小さいので、学力や相対的な位置を測ることはとても難しく、正確な偏差値が出にくい傾向にあります。そのため、そのときに出た偏差値にとらわれたままでいるのは危険です。単元ごとの習熟度を計る目的で模試を受けるとよいでしょう。

志望校判定は鵜呑みにせず 親や塾の先生などに相談しましょう

現状の判定や数値だけを見てダメだと思う必要はありません。もし、志望校に対してよい判定が出なかったとしても、入試までの残り日数との逆算で間に合うこともあります。

ただ、どこかのタイミングで「志望校」を「受験校」に変える必要があります。「志望校」はあくまで入試までの期間が残されている場合の使い方ですが、遅くとも中3の12月には、実際に受験する学校を決める必要があります。それが「受験校」です。

もし12月の段階で学力がそこに届いていなくても、そこからまだ2カ月あるので、諦める必要はありません。

そのまま突き進むのか、受験する学校を変えるのか、生徒が1人で判断せずに、塾やご家庭でよく話しあったうえで決めてください。

相対的な順位と弱点を知り 今後の対策を考える

模試を受けることで、その段階での自分の学力が全体(模試受験者)のなかでどの位置にあるかがわかります。また、返ってくる成績表には、全体順位や偏差値だけではなく、教科別の順位や偏差値、単元別における理解度などが詳細に記載されています。こういった数値などを見ることで、自分の得意不得意を客観的に知ることができるのです。「数学が苦手」というのではなく、もっと具体的に「空間図形が苦手」だとわかれば、今後その単元の得点を伸ばすために、どのように勉強していくべきかの作戦を立てることができます。

また、合格基準点まであと何点必要で、それをどの教科・単元で得点するべきかなど、成績表をしっかり見ることで、わかることがたくさんあるのです。

3年生の2学期は 成績が伸びにくい

勉強したことが実力となって現れるまでにはタイムラグがあります。また、3年生の2学期にもなるとだれもが本格的に受験勉強をしているので、自分では頑張っているつもりでも、周りも同じように頑張っていれば、なかなか結果として出てきません。つまり、相対的な位置は変わらないわけです。逆に、この時期に少しでも気を緩めてしまうと一気に置いていかれることもあるので注意が必要です。

みんなが勉強しているなかで成績を伸ばすには、周りの人たちよりもいっそう頑張る必要があるわけです。頑張っているなかでさらに頑張るのは大変苦しいことではありますが、そこをやり抜いた先に合格が待っています。

難関チャレンジ公開模試

早稲田アカデミー主催模試

成績帳票

1

教科	得点	平均点	偏差値	教科到達度グラフ	順位	評価
英語	94	61.4	69.1		19/1735	A
数学	65	45.9	61.2		171/1735	B
国語	36	34.7	51.1		706/1736	C
3教科	195	142.0	64.7		102/1735	A
理科	56	44.8	58.1		176/914	B
社会	70	54.6	61.1		110/914	B
5教科	321	246.6	63.9		82/914	A

☆ 平均点　評価はA・B・C・D・Eの5段階です。

3教科得点分布グラフ

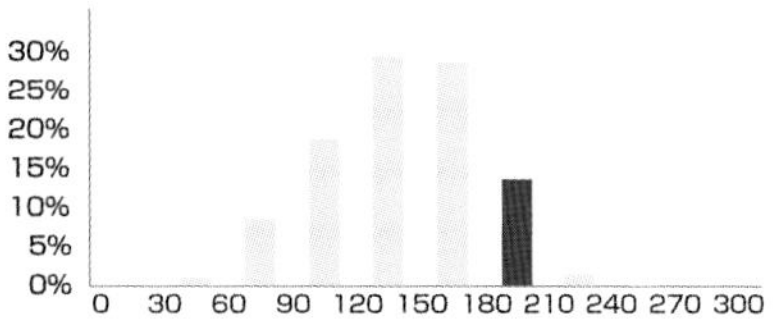

5教科得点分布グラフ

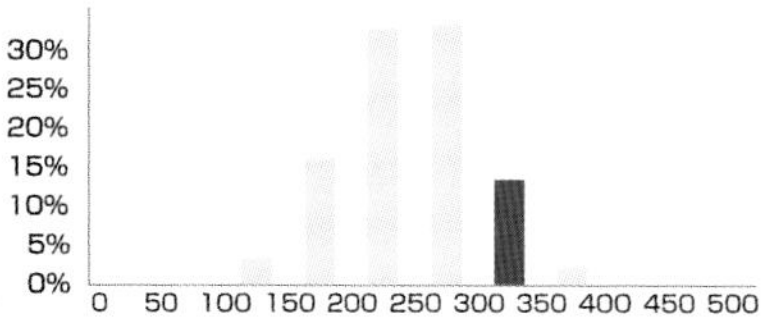

色が濃く表示されている箇所があなたの得点です。

2

総合評価

非常に優秀な成績です。しかし油断は大敵です。全科目のバランスをチェックし、各科目で誤答箇所が特定の単元や出題形式に集中していないか確認してください。弱点科目や弱点単元がある場合にはそれらをきちんと把握し、この夏に時間を確保して学習しましょう。夏は受験の天王山と言われます。1つの問題に対してじっくり腰を落ち着けて取り組めるのも夏までです。悔いのない夏をすごして、首都圏トップクラスを目指しましょう！

3 **偏差値推移**

得点（偏差値）

成績推移	英語	数学	国語	3教科	理科	社会	5教科
2回 6月	94(69.1)	65(61.2)	36(51.1)	195(64.7)	56(58.1)	70(61.1)	321(63.9)

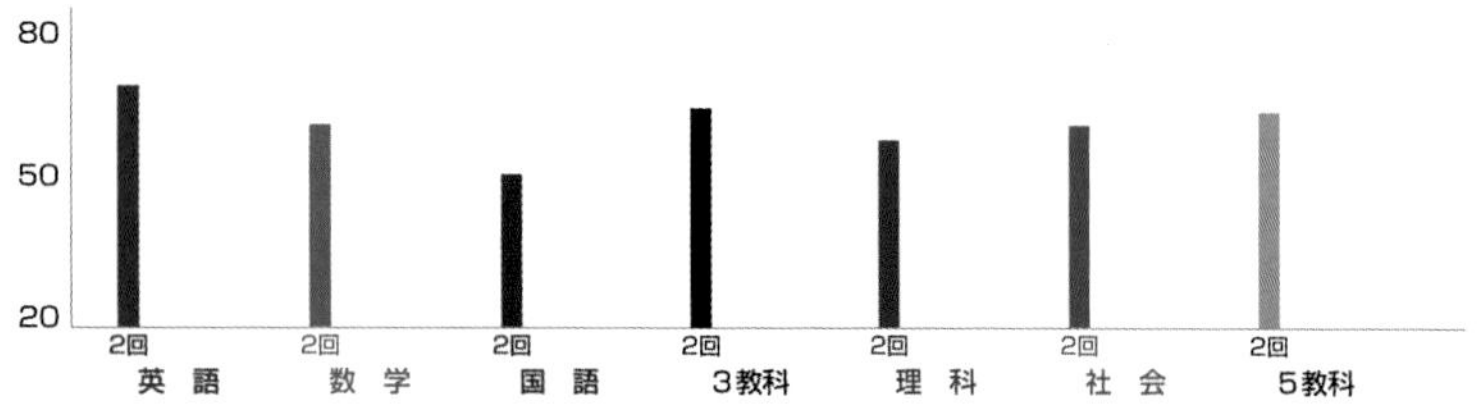

1 3教科、5教科の偏差値も

各教科の得点、平均点、偏差値、順位などがわかります。また、3教科、5教科での偏差値なども示しています。

2 総合評価

5教科すべての総合評価です。これからの勉強に対して、どのような姿勢で臨めばよいかが示されています。

3 偏差値の推移がわかる

複数回受験することで、偏差値の推移がわかるようになっています。棒グラフで表されているので一目瞭然です。

紙質にまでこだわった志望校別オープン模試

早稲田アカデミーでは、「難関チャレンジ公開模試」という首都圏全域で行う模試と、学校別の「実戦オープン模試」を行っています。

「実戦オープン模試」は志望校の入試に似せて作ってあります。「開成実戦オープン模試」を例にとってみると、問題形式をはじめ問題用紙の紙質にいたるまで、入試の体裁そっくりな模試です。ただ、入試は2月にあるので、難易度までそっくりにはしてありません。年に3回行っていますので、段階的にあげていき、最後の11月に行うものが、実際の入試本番に最も近いレベルのものになります。複数回受験することで、自分の順位を相対的に見ることができます。実際の開成の受験者が約650人で、この開成実戦オープン模試には、早稲田アカデミー生と一般生を合わせて300人ほどが受けていますので、開成受験者の半数近くが受験していることになります。ですから、成績もより本番に近い結果が出ます。

受験当日へのリハーサルとして有効ですし、メンタル面の訓練としての側面もあります。ぜひこうした模試を有効活用してください。

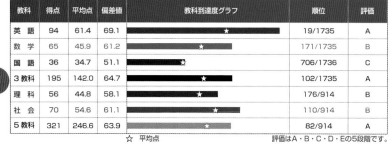

4　弱点が明確に

単元ごとの正答率がわかります。これによって苦手分野がはっきりわかり、弱点の克服に活用できます。

5　実際の答案を採点

実際の答案を採点したものなので、どこでどう間違ったのか、部分点があったのかなどがわかります。

6　学習アドバイス

全体的なアドバイスが示されています。しっかり読んで、今後の学習に生かしましょう。

教科別帳票

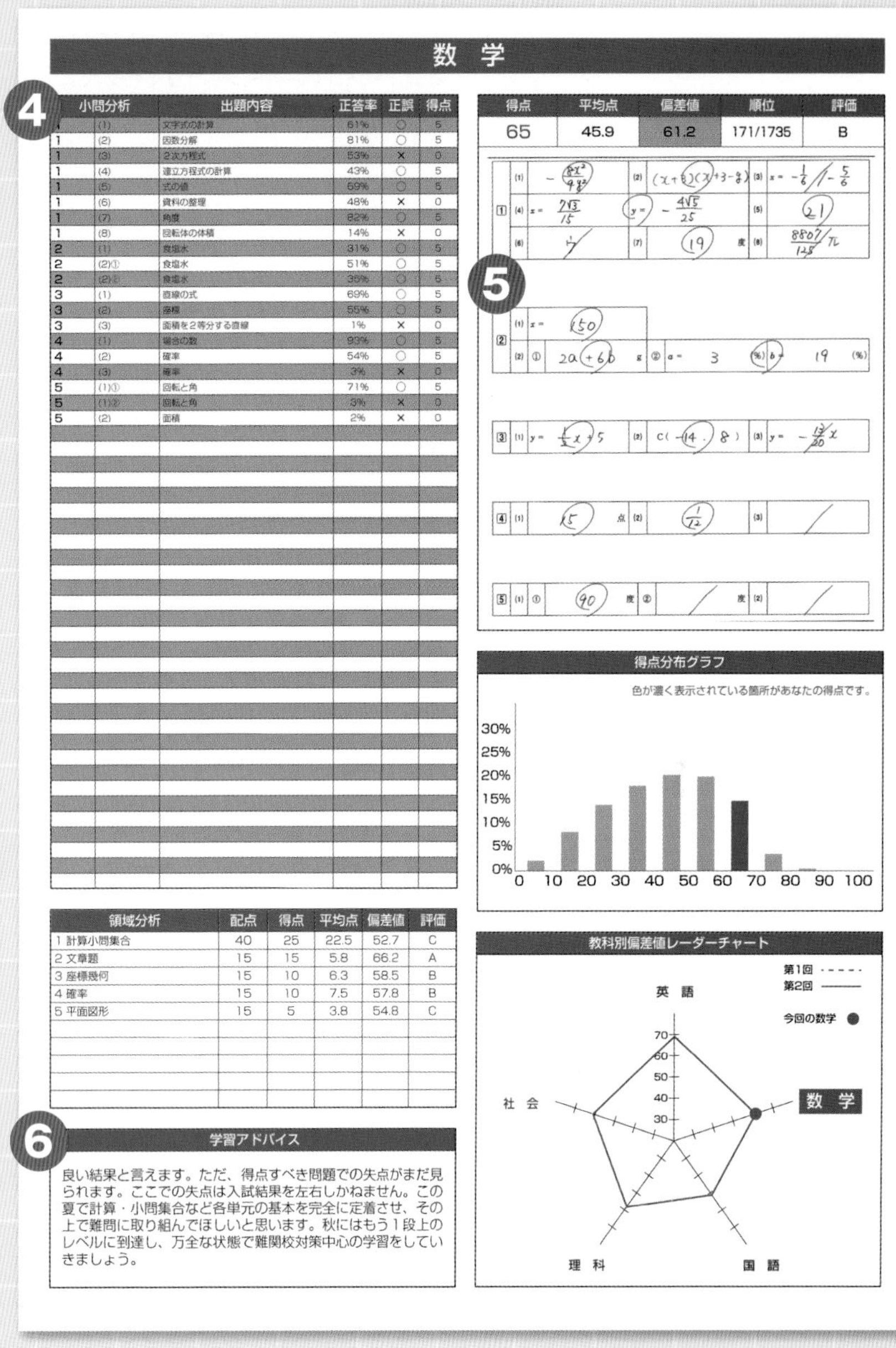

数　学

小問分析		出題内容	正答率	正誤	得点
1	(1)	文字式の計算	61%	○	5
1	(2)	因数分解	81%	○	5
1	(3)	2次方程式	53%	×	0
1	(4)	連立方程式の計算	43%	○	5
1	(5)	式の値	69%	○	5
1	(6)	資料の整理	48%	×	0
1	(7)	角度	82%	○	5
1	(8)	回転体の体積	14%	×	0
2	(1)	食塩水	31%	○	5
2	(2)①	食塩水	51%	○	5
2	(2)②	食塩水	35%	○	5
3	(1)	直線の式	69%	○	5
3	(2)	座標	55%	○	5
3	(3)	面積を2等分する直線	1%	×	0
4	(1)	場合の数	93%	○	5
4	(2)	確率	54%	○	5
4	(3)	確率	3%	×	0
5	(1)①	回転と角	71%	○	5
5	(1)②	回転と角	3%	×	0
5	(2)	面積	2%	×	0

得点	平均点	偏差値	順位	評価
65	45.9	61.2	171/1735	B

領域分析	配点	得点	平均点	偏差値	評価
1 計算小問集合	40	25	22.5	52.7	C
2 文章題	15	15	5.8	66.2	A
3 座標幾何	15	10	6.3	58.5	B
4 確率	15	10	7.5	57.8	B
5 平面図形	15	5	3.8	54.8	C

得点分布グラフ

色が濃く表示されている箇所があなたの得点です。

教科別偏差値レーダーチャート

学習アドバイス

良い結果と言えます。ただ、得点すべき問題での失点がまだ見られます。ここでの失点は入試結果を左右しかねません。この夏で計算・小問集合など各単元の基本を完全に定着させ、その上で難問に取り組んでほしいと思います。秋にはもう1段上のレベルに到達し、万全な状態で難関校対策中心の学習をしていきましょう。

早稲アカ模試のここがすごい！

通常の模試では、模試受験後に結果がわかるまで2週間程度の時間が必要ですが、早稲アカの「難関チャレンジ公開模試」や「実戦オープン模試」では、受験してから5日後にテストの速報値をWebで見ることができます。また、7日後には成績の詳細がわかる帳票冊子を手にすることができます。

また、「難関チャレンジ公開模試」では、模試の類題としてフォロープリントが公開されており、時間を空けずに復習を行うことができます。

早稲田アカデミー主催　公開模試

難関チャレンジ公開模試
中1・中2対象 12月1日（日）

国立実戦オープン模試
中3対象 10月14日（月・祝）

早慶ファイナル模試
中3対象 11月16日（土）

開成実戦オープン模試
中3対象 第2回　10月19日（土）／第3回　11月16日（土）

筑駒実戦オープン模試
中3対象 11月3日（日）

開成・国立Jr.実戦オープン模試
中2対象 9月22日（日）

慶應女子実戦オープン模試
中3対象 第2回　10月19日（土）

早慶実戦オープン模試
中3対象 10月27日（日）

慶女・国立Jr.実戦オープン模試
中2対象 9月22日（日）

Wもぎを活用しよう！

模試は受けたらそこで終わりではなく、受けてからなにをするかが大切です。このページでは、東京都と神奈川県の多くの受験生が受験するWもぎをご紹介します。個人成績表は自分のいまの実力がひと目でわかる便利なものです。模試を受けたあとは、この個人成績表で自分の実力と向き合いましょう。

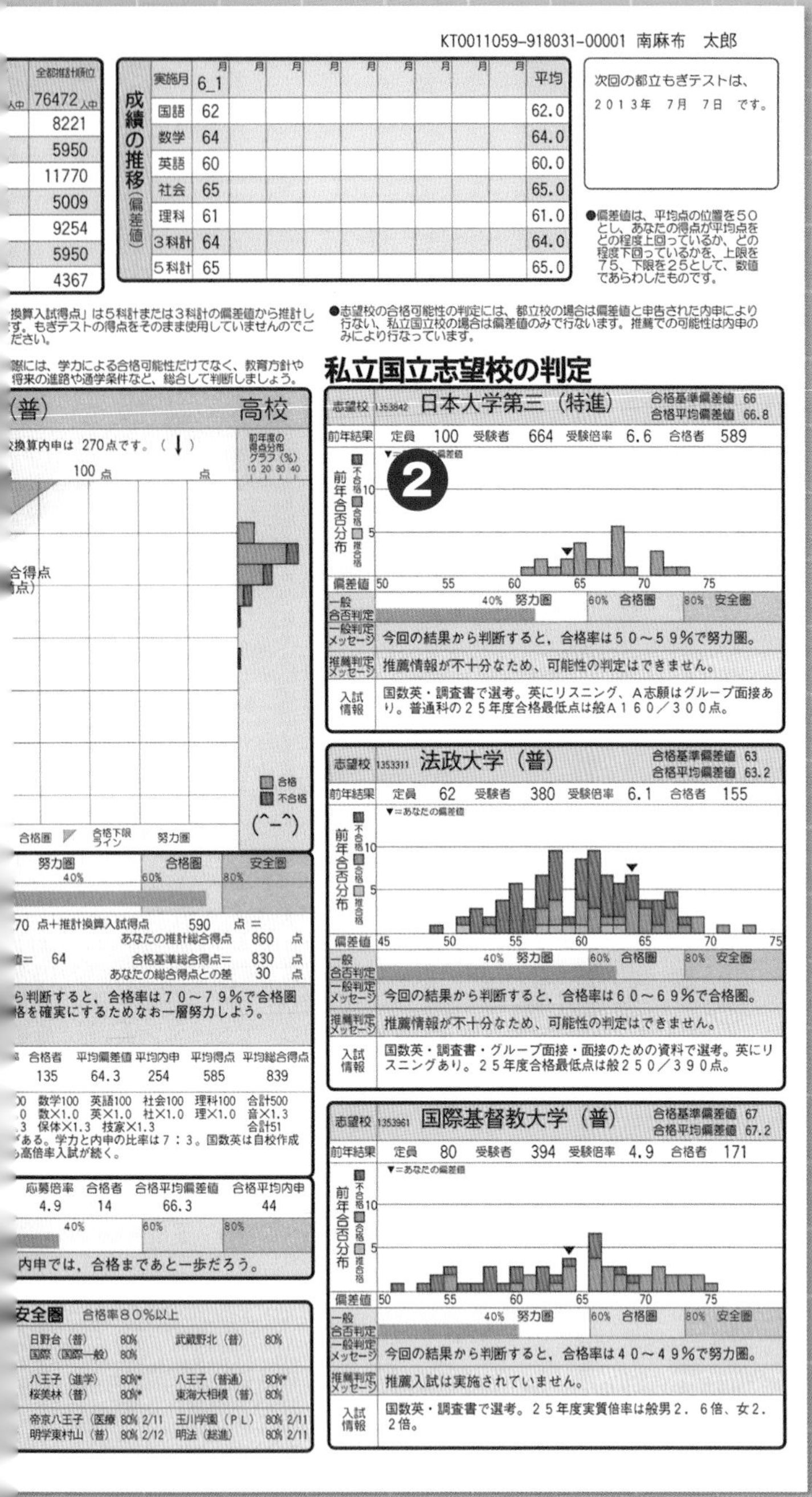

KT0011059-918031-00001 南麻布 太郎

全都推計順位

76472
8221
5950
11770
5009
9254
5950
4367

成績の推移（偏差値）

実施月	6_1	月	月	月	月	月	月	月	月	平均
国語	62									62.0
数学	64									64.0
英語	60									60.0
社会	65									65.0
理科	61									61.0
3科計	64									64.0
5科計	65									65.0

次回の都立もぎテストは、2013年 7月 7日 です。

●偏差値は、平均点の位置を50とし、あなたの得点が平均点をどの程度上回っているか、どの程度下回っているかを、上限を75、下限を25として、数値であらわしたものです。

●志望校の合格可能性の判定には、都立校の場合は偏差値と申告された内申により行ない、私立国立校の場合は偏差値のみで行ないます。推薦での可能性は内申のみにより行なっています。

私立国立志望校の判定

志望校 日本大学第三（特進） 合格基準偏差値 66 合格平均偏差値 66.8

前年結果 定員 100 受験者 664 受験倍率 6.6 合格者 589

一般合否判定 40% 努力圏 60% 合格圏 80% 安全圏

一般判定メッセージ 今回の結果から判断すると、合格率は50～59％で努力圏。

推薦判定メッセージ 推薦情報が不十分なため、可能性の判定はできません。

入試情報 国数英・調査書で選考。英にリスニング、A志願はグループ面接あり。普通科の25年度合格最低点は般A160／300点。

志望校 法政大学（普） 合格基準偏差値 63 合格平均偏差値 63.2

前年結果 定員 62 受験者 380 受験倍率 6.1 合格者 155

一般判定メッセージ 今回の結果から判断すると、合格率は60～69％で合格圏。

推薦判定メッセージ 推薦情報が不十分なため、可能性の判定はできません。

入試情報 国数英・調査書・グループ面接・面接のための資料で選考。英にリスニングあり。25年度合格最低点は般250／390点。

志望校 国際基督教大学（普） 合格基準偏差値 67 合格平均偏差値 67.2

前年結果 定員 80 受験者 394 受験倍率 4.9 合格者 171

一般判定メッセージ 今回の結果から判断すると、合格率は40～49％で努力圏。

推薦判定メッセージ 推薦入試は実施されていません。

入試情報 国数英・調査書で選考。25年度実質倍率は般男2．6倍、女2．2倍。

安全圏 合格率80％以上

日野台（普） 80% 武蔵野北（普） 80%
国際（国際一般） 80%
八王子（進学） 80%* 八王子（普通） 80%*
桜美林（普） 80%* 東海大相模（普） 80%
帝京八王子（医療） 80% 2/11 玉川学園（PL） 80% 2/11
明学東村山（普） 80% 2/12 明法（総進） 80% 2/11

1 今回のテストの成績

今回のテスト結果が表示されます。各教科の得点のほかに、平均点、偏差値、推計順位がわかります。推計順位とは、東京都のすべての受験生が受験したと仮定した場合の順位のことです。また、右隣には成績の推移表があります。Wもぎを受けるたびに、ここに成績が記録されるため、続けて受けるとこれまでの推移がわかります。

2 私立・国立校の判定

私立や国立校といった、都立校の併願校として考えている学校の成績判定はここに示されます。私立・国立あわせて3校まで登録可能で、棒グラフによる合格分布図では、現時点での自分の位置がわかるようになっています。

Wもぎってこんな模試！

Wもぎは東京都と神奈川県を中心に、都内約40会場、神奈川県内約20会場で行われている、首都圏最大規模の模擬試験です。

試験会場はおもに高校や大学で、会場一覧のなかから自由に会場を選択できます。普段の雰囲気とは異なる高校や大学で受験することによって、本番に似た緊張感漂う雰囲気を味わうことができます。

期間は6月から翌年1月までとなっており、9月以降は毎月2～3回ずつ行われ、日程は自分で選ぶことができます。また、毎回別の問題が出題されるため、多くの模試を受験したい方は、月に複数回受けることも可能です。

Wもぎを受けると、今回ご紹介した個人成績表のほかにも、設問ごとに受験者の平均正答率と自分の正誤がわかる「設問分析表」、コピーされた採点済みの答案と学習アドバイスが掲載されている「デジタル採点答案」、要点をおさえた丁寧な解説が魅力の「解答・解説」など、これからの勉強に役立つものを手に入れることができます。

ぜひみなさん模試を受験し、活用して、志望校の合格を勝ち取りましょう。

3　都立校の判定（グラフ）

受験生が申告した内申点と、今回の模試の結果をそれぞれ志望校の得点比率に換算し、総合得点として表します。都立校の判定は、第1志望から第3志望まで3校の登録が可能です。グラフの青色部分が安全圏内のエリアですので、そこをめざしましょう。

4　都立校の判定（データ）

前年度の一般入試の選抜状況や、平均得点、平均偏差値、教科ごとの配点や、学力検査と内申点の比率など、細かい入試データが掲載されています。上にあるグラフとあわせて確認しましょう。

内申点から判定される、推薦入試の合格可能性も見ることができます。

5　受験校のめやす

今回のテストの結果をもとに、現段階での安全圏、合格圏、努力圏の学校が公立・私立それぞれ表示されています。私立校は各学校の入試日も載っているので、受験のスケジュールをたてる際の参考になります。

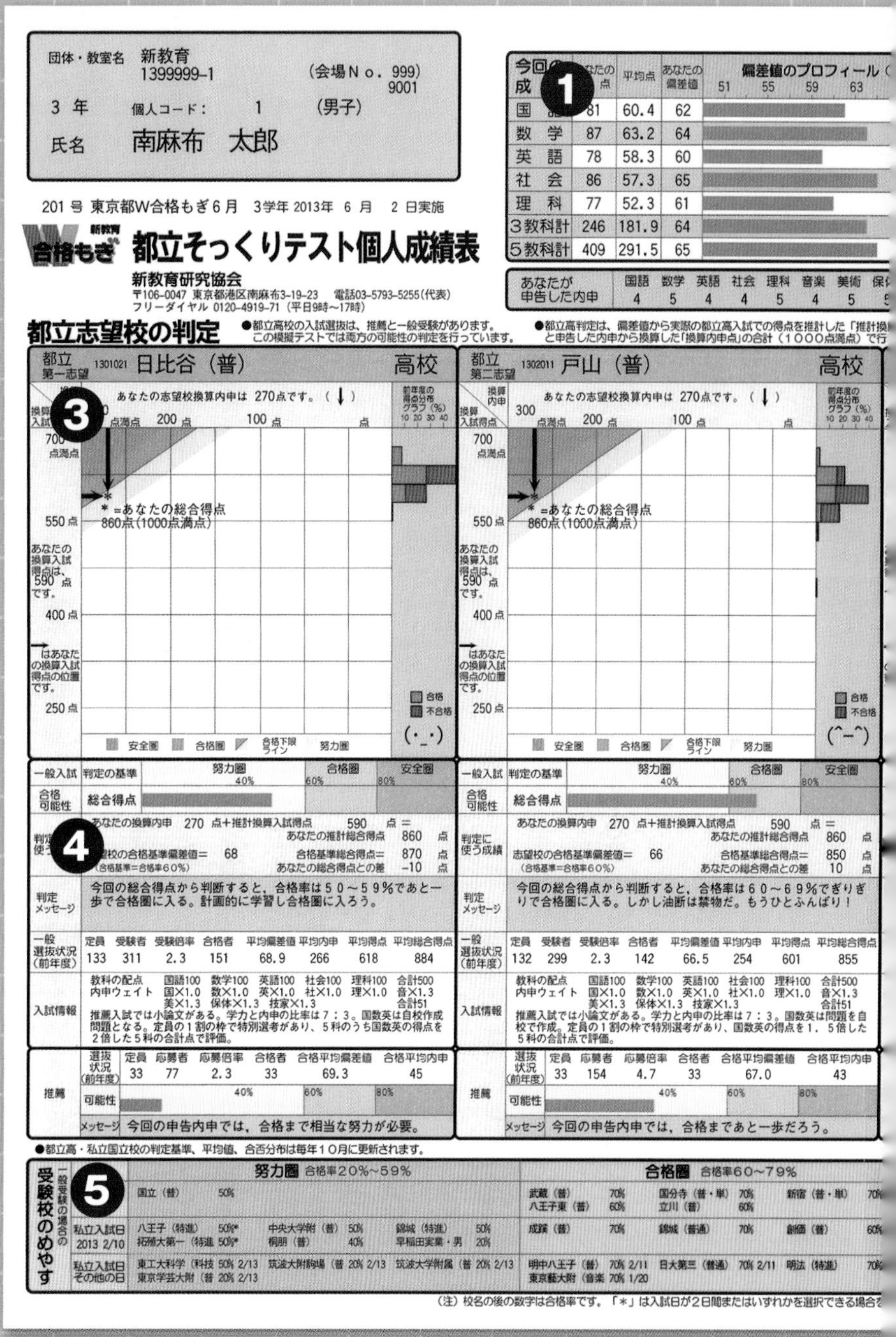

団体・教室名　新教育　1399999-1　（会場No. 999）9001
3 年　個人コード：　1　（男子）
氏名　南麻布　太郎

201 号 東京都W合格もぎ6月　3学年 2013年 6 月　2 日実施

新教育 W合格もぎ　都立そっくりテスト個人成績表

新教育研究協会
〒106-0047 東京都港区南麻布3-19-23　電話03-5793-5255(代表)
フリーダイヤル 0120-4919-71（平日9時～17時）

今回の成績	あなたの得点	平均点	あなたの偏差値
国語	81	60.4	62
数学	87	63.2	64
英語	78	58.3	60
社会	86	57.3	65
理科	77	52.3	61
3教科計	246	181.9	64
5教科計	409	291.5	65

偏差値のプロフィール　51　55　59　63

あなたが申告した内申	国語	数学	英語	社会	理科	音楽	美術	保体
	4	5	4	4	5	4	5	5

都立志望校の判定

●都立高校の入試選抜は、推薦と一般受験があります。この模擬テストでは両方の可能性の判定を行っています。

●都立高判定は、偏差値から実際の都立高入試での得点を推計した「推計換算入試得点」と申告した内申から換算した「換算内申点」の合計（1000点満点）で行

都立 第一志望 1301021 日比谷（普）高校

あなたの志望校換算内申は 270点です。（↓）
＊＝あなたの総合得点 860点（1000点満点）
あなたの換算入試得点は、590 点です。
→はあなたの換算入試得点の位置です。
安全圏　合格圏　合格下限ライン　努力圏　合格　不合格　(・_・)

一般入試	判定の基準	努力圏 40%	合格圏 60%	安全圏 80%
合格可能性	総合得点			

判定に使う成績：あなたの換算内申 270 点＋推計換算入試得点 590 点＝あなたの推計総合得点 860 点
志望校の合格基準偏差値＝ 68（合格基準＝合格率60%）　合格基準総合得点＝ 870 点　あなたの総合得点との差 -10 点

判定メッセージ：今回の総合得点から判断すると、合格率は50～59%であと一歩で合格圏に入る。計画的に学習し合格圏に入ろう。

一般選抜状況（前年度）	定員	受験者	受験倍率	合格者	平均偏差値	平均内申	平均得点	平均総合得点
	133	311	2.3	151	68.9	266	618	884

入試情報：教科の配点　国語100　数学100　英語100　社会100　理科100　合計500
内申ウェイト　国×1.0　数×1.0　英×1.0　社×1.0　理×1.0　音×1.3　美×1.3　保体×1.3　技家×1.3　合計51
推薦入試では小論文がある。学力と内申の比率は7：3。国数英は自校作成問題となる。定員の1割の枠で特別選考があり、5科のうち国数英の得点を2倍した5科の合計点で評価。

推薦 選抜状況（前年度）	定員	応募者	応募倍率	合格者	合格平均偏差値	合格平均内申
	33	77	2.3	33	69.3	45

可能性　40%　60%　80%
メッセージ：今回の申告内申では、合格まで相当な努力が必要。

都立 第二志望 1302011 戸山（普）高校

あなたの志望校換算内申は 270点です。（↓）
＊＝あなたの総合得点 860点（1000点満点）
あなたの換算入試得点は、590 点です。
→はあなたの換算入試得点の位置です。
安全圏　合格圏　合格下限ライン　努力圏　合格　不合格　(^_^)

一般入試	判定の基準	努力圏 40%	合格圏 60%	安全圏 80%
合格可能性	総合得点			

判定に使う成績：あなたの換算内申 270 点＋推計換算入試得点 590 点＝あなたの推計総合得点 860 点
志望校の合格基準偏差値＝ 66（合格基準＝合格率60%）　合格基準総合得点＝ 850 点　あなたの総合得点との差 10 点

判定メッセージ：今回の総合得点から判断すると、合格率は60～69%でぎりぎりで合格圏に入る。しかし油断は禁物だ。もうひとふんばり！

一般選抜状況（前年度）	定員	受験者	受験倍率	合格者	平均偏差値	平均内申	平均得点	平均総合得点
	132	299	2.3	142	66.5	254	601	855

入試情報：教科の配点　国語100　数学100　英語100　社会100　理科100　合計500
内申ウェイト　国×1.0　数×1.0　英×1.0　社×1.0　理×1.0　音×1.3　美×1.3　保体×1.3　技家×1.3　合計51
推薦入試では小論文がある。学力と内申の比率は7：3。国数英は問題を自校で作成。定員の1割の枠で特別選考があり、国数英の得点を1.5倍した5科の合計点で評価。

推薦 選抜状況（前年度）	定員	応募者	応募倍率	合格者	合格平均偏差値	合格平均内申
	33	154	4.7	33	67.0	43

可能性　40%　60%　80%
メッセージ：今回の申告内申では、合格まであと一歩だろう。

●都立高・私立国立校の判定基準、平均値、合否分布は毎年10月に更新されます。

受験校のめやす（一般受験の場合の）

	努力圏 合格率20%～59%	合格圏 合格率60～79%
	国立（普）50%	武蔵（普）70%　八王子東（普）60%　国分寺（普・単）70%　立川（普）60%　新宿（普・単）70%
私立入試日 2013 2/10	八王子（特進）50%*　拓殖大第一（特進 50%*　中央大学附（普）50%　桐朋（普）40%　錦城（特進）50%　早稲田実業・男 20%	成蹊（普）70%　錦城（普通）70%　創価（普）60%
私立入試日 その他の日	東工大科学（科技 50% 2/13　東京学芸大附（普 20% 2/13　筑波大附駒場（普 20% 2/13　筑波大学附属（普 20% 2/13	明中八王子（普）70% 2/11　東京藝大附（音楽 70% 1/20　日大第三（普通）70% 2/11　明法（特進）70%

（注）校名の後の数字は合格率です。「＊」は入試日が2日間またはいずれかを選択できる場合を

Wもぎは、都立校志望者向けに、内容、問題数、用紙などが本番の入試とそっくりとなっている「都立そっくりテスト」、県立・市立校志望者向け「神奈川県入試そっくりもぎ」、都立自校作成校志望者向けにやや難しめの問題を扱っている「都立自校作成校対策もぎ」、私立校志望者向けに3教科で行われる「私立合格もぎ」の4種類があります。自分の志望校にあわせて、受ける模試を選びましょう。

W合格もぎ実施予定

月	都立そっくりテスト	都立自校作成校対策もぎ	神奈川県入試そっくりもぎ	私立合格もぎ
9月	29日		29日	
10月	13日、20日	27日	27日	13日
11月	3日、10日、24日	17日	4日、24日	3日
12月	1日、8日、15日		8日、15日	1日
1月	12日、13日、19日	13日	12日、19日	

この時期につまずかないために

高校受験では、中１・中２からの積み重ねが問われることになります。中３になって慌てないために、いまからつまずきやすい単元を克服しておきましょう。早稲田アカデミー 高校入試部門統括責任者・酒井和寿先生に、英語・国語・数学の主要３教科について、つまずきやすいポイントと、その克服方法を聞きました。

英語 English

克服するには… 音 読!

中１・中２ともに、克服の方法として音読をあげたいと思います。

中２に関して言えば、助動詞が使われている例文であったり、長文のなかで助動詞が出てくる部分をとにかく音読していきます。そのあとに、理屈として文法的なものを覚えていきます。さらに、理屈などが頭に入った状態で再度音読します。そうすれば、新しく学習した内容も、グッと身につきやすくなるはずです。

実際の長文問題では、助動詞が出てくるたびに、「mayにはこういう意味があって、この場合だとこの意味だ」と考えている時間はないと思います。「こういう話のなかでmayが出たらこの意味」と自然と出てくるようにインプットすることがポイントです。

中１のbe動詞と一般動詞の使い分けにしても、三人称単数の「s」にしても、意外かもしれませんが、やはり克服するには音読が一番効果があります。教科書や参考書などの基本例文を繰り返し音読し、まずは耳から英語を覚えることを行ってください。スラスラ暗唱できるようになったら、「なぜこの文章ではdoが使われているのか…」というように文法を確認していきましょう。耳で英語のリズムを覚え、後追いで文法を勉強する方が身につきやすいのです。

中2 つまずきやすいのは… 助動詞!!

中２英語のポイントになるのは助動詞です。１つの助動詞でも異なる意味を持つものがありますから、意味をしっかりと覚えなければなりません。さらに、can、must、may、shouldといった助動詞の意味や用法、それぞれの書き換えなどが出てきます。

意味、用法を覚えると同時に、言い換え、書き換えが定着していないと、文法問題はもちろん、さらに中３になったときに、長文のなかで助動詞がどういった文脈で使われているかを読み誤ってしまいます。結果として、ストーリーの流れを捉えられないということにもなってしまいます。

中1 つまずきやすいのは… be動詞と一般動詞!!

中１の１学期では、まだ基礎的で易しいものが多いため、「英語が苦手」と感じる人は少ないようです。ただし、あまり難度は高くないとはいえ、これからの基礎となる大事な内容ですので、少しでも理解が不十分だと感じる部分があれば、きちんと復習をして身につけておきましょう。この時期につまずきやすいのは、be動詞と一般動詞です。疑問文や否定文を習ったときに、be動詞と一般動詞をきちんと理解していないと、混乱してしまうことがあります。また、三人称単数の「s」もつまずきやすいポイントの１つです。

教えて！
酒井先生

中1・中2

英・国・数

国語 Japanese language

中2 つまずきやすいのは…
古文!!

中2のいまの段階で苦手になりやすいのは、古文という人が多いと思います。

なぜかというと、中1の教科書では、古文は現代語訳がついていますが、中2になるとなくなるからです。その結果、**現代語訳があることを前提に学習を進めている場合、読めなくなってしまう人が出てくるのです**。

つまり、古文を英語と同じく外国語のような感覚で考えている人は、完全につまずいてしまう可能性があります。

克服するには…
問題集！

古文は外国語ではありません。昔の日本人が使っていた日本語が変化してきたものが現代語です。多少わからないところがあったとしても、まずは日本語の感覚で読み進めることが大切です。一度読んでから、わからなかった部分をあとで現代語訳で確認してみるようにしましょう。

じつは古文が苦手という人ほど、勉強量が足らないということがよくあります。市販のもの、薄いものでもいいですから、どんどん問題を解いていきましょう。ただ、その場合は、解いたあとの復習が大切ですから、現代語訳がついているものを選びましょう。

中1 つまずきやすいのは…
論理的に考える問題!!

中学の国語では、自分はどう思うかという自分の意見を表現することに重きが置かれていた小学生のころとは違い、文章に書かれている内容を論理的に読み取り解答するという勉強に変わります。

文章のなかから解答の根拠となる部分を探し、論理・理屈を追える読解力が必要となりますから、小学校と比べて難しいと感じてしまい、つまずいてしまうことがあります。さらに、こうした読解問題は、漢字などの知識問題と比べて自学自習が難しく、国語を苦手に感じてしまう要因となっています。

克服するには…
解答の理由を書くことで訓練する！

国語も言語の学習ですから、論理的に文章を読めるようにするためには、**1日10分間で構わないので、継続的にトレーニングする必要があります。**

また、間違えた問題を復習することも大切です。おすすめなのが、**間違えた問題の解説をしっかりと聞き、なぜ間違えたのかを理解したうえで、正しい解答の理由をノートに2行程度で書くという方法**です。国語の学習は積み重ねが大切です。結果が出るまでには時間がかかるかもしれませんが、国語が苦手だというみなさんは、すぐにでも取り組んでみてください。

数学 Mathematics

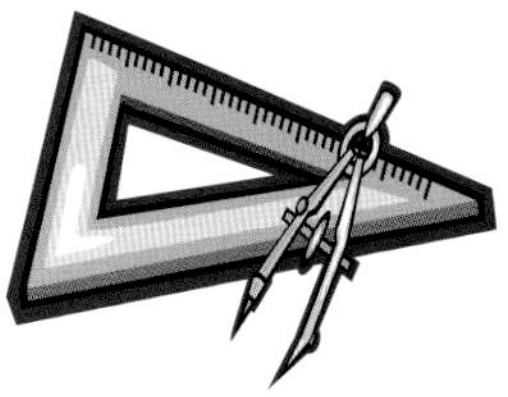

中2 つまずきやすいのは…
立体図形、連立方程式!!

中1の後半からこの時期にかけてつまずきやすい単元は、立体図形と連立方程式です。

立体図形に関しては、断面図を思い描いたり、立体感覚を持って問題に取り組むことが、難しいと思っている人が多いようです。

そのような人ほど、テキストを眺めているだけにとどまっているようでそれでは具体的な解決策がなく、苦しむことになります。

また、正負の数、文字式、方程式と段階を踏み、学習しているにも関わらず、連立方程式を苦手とする人が多いようです。

この場合、中1で学んだ方程式の計算と文章題から復習を始めましょう。文章を読み、式を組み立てることができていないと、連立方程式の文章題でもつまずいてしまいます。丁寧な学習を心がけてください。

克服するには…
立体図形：実際にやってみる!
連立方程式：定着するまで反復!

立体図形がどうしても苦手という人は、実際に試して形を確認してみてください。例えば、お家で大根などを包丁で切ってみましょう。「この点とこの点を通る場所を切ると、断面はこうなる」ということを体験してみるのです。実際に切ってみると、断面図のイメージが湧くと思います。あるいは図形を工作してみてもよいでしょう。このように空間図形をうまくイメージできない人は、導入として、実際に手を動かしてみるところから始めていくことが有効だと思います。

連立方程式に関しては、ドリル方式で定着するまで反復していくことが一番です。ただ、中1の方程式でつまずいてしまっている場合は、いまのうちに思いきって学び直してみましょう。方程式の性質を利用して、易しい問題から方程式を解いてみてください。そして、連立方程式にチャレンジしてみましょう。

中1 つまずきやすいのは…
方程式!!

「算数」から「数学」へと変わり、文字式や方程式が登場するなど、小学生のころとは違った考え方が必要になります。算数に苦手意識があった人は、「数学は算数とは違うのだから、これまでの苦手意識をリセットしてがんばろう」という前向きな気持ちで取り組んでほしいものです。

この時期に力を入れて取り組んでほしいことは、計算ができるようになることと、文章を読んで求めたり、値のかわりに文字を使い、両辺を文字式で表せるようになることです。うまく文字式で表せないときは、文字式の単元の復習を丁寧にすることから始めてみましょう。

克服するには…
同じような問題を繰り返して解く!!

中学で初めて学習する方程式。「方程式の単純な計算問題なら解くことができるのに、文章問題になるとうまく式を立てられない」という人は多いのではないでしょうか。

方程式の問題を解くときには、「なにを求める式なのか」を確認しながら取り組むようにしましょう。「=」で結んだ左辺と右辺はそれぞれなにを表しているのかをしっかり考えながら式を立てましょう。

また、「方程式が苦手だ」と決めつけている人は、単純に中学から習った新たな形式の問題に慣れていない場合が多いです。ドリル形式で類似問題を繰り返し解いたり、1度解けた問題でも時間を少しあけて再度取り組んでみるなど、多くの問題を解いて慣れるようにしましょう。

知る・探る・究める
栄東のアクティブ・ラーニング!!!
Active Learning
◆海外ALinアメリカ
ボストンの
ミルトンハイスクールで
異文化コミュニケーション!!
◆校外ALin気仙沼
東北大学の教授と
気仙沼の巡検から学ぶ津波学!!
ゴア元副大統領主催の
グローブ活動にも参加
◆海外ALinオーストラリア
シドニーの
セントアイビスハイスクールで
書道!!
◆鉄道研究
NPO法人 日本鉄道模型の会
全国高等学校鉄道模型コンテスト
栄東中学高等学校
全国鉄道コンテストで入賞!!
◆海外ALinイギリス(スワネージ)
ホームステイで
楽しい異文化交流!!
◆吹奏楽
関東大会で銀賞!!
毎年恒例の定期演奏会は大盛況!!
◆校外ALin三宅島
千葉大学の教授と
三宅島の巡検から学ぶ火山学!!
文部科学省SPP指定校
◆水泳
温水プールで全国大会第2位!!
顧問は北島康介のライバル!!!
◆野球
県大会準優勝!!
天然芝Gで甲子園を目指す!!!
◆古都ALin京都
能楽堂で日本文化!!
◆箏曲
邦楽祭(県大会)で金賞!!
尺八、三味線、着物の着付けも!!
◆サッカー
首都圏大会で見事優勝!!
(県予選)
顧問は
東京大学サッカー部出身!!!
◆チアダンス
USA Regional大会に出場!!
ALL JAPAN CHEER DANCE 大会に出場!!!
◆アーチェリー
全国大会優勝!! 国体も出場!!
ナショナルチームに2名選抜!!
◆クイズ研究
高校生クイズ全国大会出場!!!
関東大会予選会場にて!!
◆茶道
瑞想庵(茶室)で表千家を学ぶ!!
◆硬式テニス
関東大会でベスト16!!
◆コーラス
全国大会金賞!! 文部科学大臣賞!!!
Tokyo DisneySea
コロンビア号特設
ステージに出演!!!
栄東中学・高等学校
〒337-0054 埼玉県さいたま市見沼区砂町2-77(JR東大宮駅西口 徒歩8分) ◆入試広報センター TEL:048-666-9200

帝京高等学校

校長が語る帝京の教育

「つながり」を大切にする

平成24年冬、一人の先生が急逝されました。理科教諭として、テニス部の顧問として、多くの生徒に関わり、あまたの卒業生を送り出してきた先生です。最後のお別れには、在校生、卒業生が数え切れないほど集まりました。寒空の中、焼香の順番を待つ長蛇の列からは、その先生がいかに生徒に慕われていたかがうかがえました。そして、帝京の先生と生徒との関係が、通り一遍のものでなく、心の深い部分でつながっていることも感じ取ることができました。

帝京は「つながり」を大切にする学校です。それは、卒業生が足しげく部活動の後輩を指導しに来ることからも、人生の節目に職員室を訪ねてくるところからもわかります。兄弟姉妹が違う学年にいることは当たり前、親子そろって同じ先生に教わることも珍しくありません。

生徒一人ひとりはそれぞれ違った個性を持っています。それぞれに違ったやり方で自分の人生を光り輝かせようとしています。そうした生徒たちに寄り添い、ある時は励まし、ある時はともに苦しみ、そして時には厳しく叱責し、けれどもいつも生徒のそばにいる。帝京にいるのはそんな先生ばかりです。だから、生徒たちは先生を頼りにしています。生徒から質問があれば忙しい合間を縫って即席の補習授業を行ってくれる先生を、進路に悩んでいるたった一人の生徒のために何回も面談を重ねてくれる先生を、生徒たちは信頼しています。そうして生まれたつながりは、卒業しても消えることはありません。やがて巣立ってゆく生徒たちが、いつまでも母校を「心のふるさと」と感じ取ってくれるように日々の教育活動に努めること。その伝統はこれからも生き続けていくはずです。

〒173-8555
東京都板橋区稲荷台27-1
TEL:03-3963-4711
帝京高等学校
www.teikyo.ed.jp

夢をかなえるコース制

帝京では入学時に「文理」「文理特進」「インターナショナル」「アスリート」の中からコースを選び、希望する進路に即した学習を行います。

「文理コース」は、1年次にまずは文系・理系の学習をバランスよく行いながら、将来の方向性を考えていき、2年次で文系・理系にクラスが分かれ、3年次には各自が進路目標に合った時間割を組み立てていくコースになります。帝京には野球やサッカー以外にも多くのクラブがあり活発に活動をしていますが、勉強もクラブ活動も、どちらも頑張っていきたい生徒のほとんどがこのコースを選んでいます。そのような生徒たちが予備校に頼らないでも目標とする進路実現を果たせるよう、3年次には必修授業をスリム化して、入試対策の自由選択授業を充実させるなど、カリキュラムに工夫を凝らしています。今年は、入試対策の自由選択講座として25種類35講座を開講しました。希望者が多い講座についてはレベル別に複数講座を設けるようにして、手厚いサポートを行っています。

また、このコースには推薦入試・ＡＯ入試にチャレンジする生徒も多くいるため、エントリーシートの書き方から小論文・面接対策までを総合的に行う講座を充実させています。

「文理特進クラス」は、一般入試で国公立大学や難関私立大学に合格することを目標に掲げ、２０１３年度にスタートしました。学習を生徒任せにするのではなく、教員がしっかりとレールを敷いて、学習のペースが落ちることがないようマネージメントすることで、すべての生徒が、そのレールの上を走り続ければ学習効果が上がり、それに伴って自信が芽生え、さらなる意欲につながるように指導していきます。

奥村英治校長先生

高い目標を掲げる以上、学習内容はハードになります。例えば、習熟度別に週に8時間行われる1年次の英語は、夏までに文法の教科書が終了するハイペースで授業が進んでいきます。ほとんど毎回、本文暗写テストや文法事項の確認テストがあり、こういったテストは合格するまで再テストが課されます。また授業以外でも毎朝のホームルームで英単語テストを行っています。こういった高いハードルを設けているのは英語に限ったことではなく、また学習合宿や夏期休暇中の特別授業など、あらゆる機会を通じて「学校生活の最優先事項は勉強」であることを強く打ち出していきます。

近接する帝京大学板橋キャンパス

「インターナショナルコース」は英語圏への留学を通して語学力を鍛え、国際的視野を広げていくことを目的としたコースになります。外国事情、西洋文化史、国際関係、ＴＯＥＦＬ・ＴＯＥＩＣ演習など、コースならではの授業も多く、少人数制の強みを生かして、授業の多くが先生と生徒との対話をベースに成り立っています。

「アスリートコース」は、野球やサッカーなど、競技スポーツの世界で全国レベルでの活躍を目指す生徒が集うコースになります。

無試験の優遇制度

帝京大学グループの系属校として、帝京大学・帝京平成大学・帝京科学大学への入学が優遇される制度があり、多様な進路選択の一つとして活用されています。この制度では高校在学中の学習への取り組みが評価されるため、入学試験が免除されているところに特徴があります。帝京大学グループは医療の分野に強く、またこれらの学部が通学の便の良い都心にキャンパスを備えていることもあり、年を追うごとに人気が高まっています。帝京高校では、毎年、多くの卒業生が優遇制度を使って帝京大学グループの医療系学部への進学を果たしているため、理系クラスでの医療系への進学率は53％と高い数字をキープしています。

説明会日程

9月21日(土)13:30〜
10月12日(土)13:30〜
10月27日(日)11:00〜
11月2日(土)13:30〜
11月17日(日)11:00〜
11月30日(土)13:30〜

蜂桜祭(文化祭)

10月5日(土)・6日(日)
9:00〜15:00

●芝公園からの通学路で

学校説明会

9/21(土) 10/19(土) 10/27(日) 11/ 2(土)
11/ 3(日) 11/ 9(土) 11/10(日) 11/16(土)
11/17(日) 11/23(祝) 11/24(日) 11/30(土)
12/ 1(日) 12/ 7(土) 12/ 8(日) 12/14(土)
1/11(土) 1/25(土) 2/ 1(土)

◆全日程14:00開始　◆申し込みが必要です。

学院祭（文化祭）

10/ 5(土)・10/ 6(日)

◆学院祭当日も、学校説明会を実施します。

10:00 開会

◆申し込みが必要です。

■2013年3月・卒業生進路状況

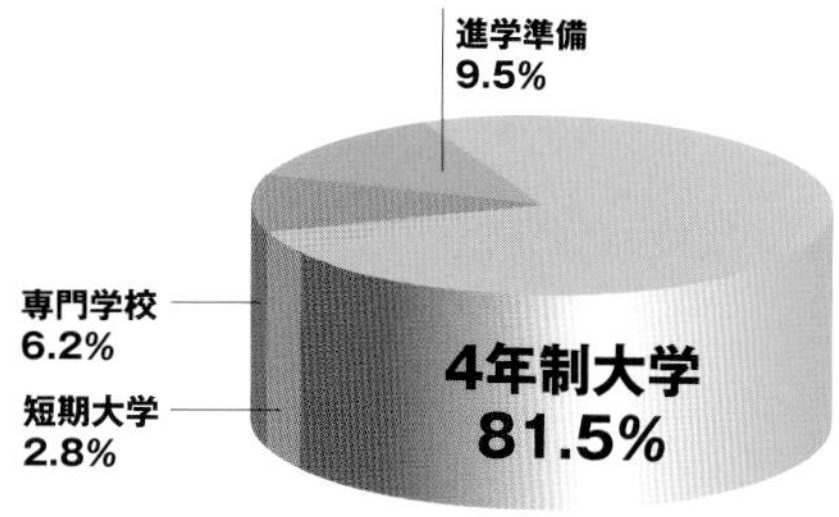

※説明会終了後、個別の「受験相談コーナー」があります。質問や相談のある方はこちらでどうぞ。
※「申し込み」は個人でお電話か、HPの「お問い合わせフォーム」よりお申し込み下さい。

正則高等学校

●申し込み・お問い合わせ 03-3431-0913 ●所在地：東京都港区芝公園3-1-36

http://www.seisoku.ed.jp

▶日比谷線・神谷町
▶三 田 線・御成門
いずれも徒歩５分
▶浅 草 線・大 門
▶大江戸線・赤羽橋
いずれも徒歩10分
▶南 北 線・六本木一丁目
▶J R・浜松町
いずれも徒歩15分

SCHOOL EXPRESS

豊かな心と高い知性を育む
新校舎建築で教育環境が向上

TOHO HIGH SCHOOL

桐朋高等学校

東京都
国立市
男子校

　文教地区として名高い国立市のほぼ中央部、一橋大と隣接するところに位置するのが桐朋高等学校です。小学校（共学）・中学校・高等学校が併設されています。自由闊達《かったつ》な校風のもと、これまで多くの俊英を輩出してきました。新校舎の建設が進み、教育環境のさらなる向上で注目を集めています。

片岡《かたおか》　哲郎《てつろう》　校長先生

恵まれた環境のもと 全人教育をめざす学園

　桐朋高等学校（以下、桐朋高）は西東京を代表する進学校として広く知られています。開校以来培われた伝統のもと、独自の教育活動を展開しています。

　自主性を重んじ、生徒の個性を尊重した骨太な教育をめざすことで、全人教育を実践しようとする学校です。

その結果として、東京大、一橋大、早稲田大、慶應義塾大などの国公私立の難関大学に数多くの合格者を輩出しています。また、医学部医学科を志望する生徒も多く、各人の志望を実現していることも特長といえるでしょう。

しかしながら、桐朋高は、大学入試突破だけをめざす進学校ではありません。それは日々の授業に色濃く現れています。高校生とは思えないほどアカデミックな内容の授業が、それぞれの科目で展開されているのです。

質問や相談で、日常的に各先生を訪れる生徒も多く、学問を受け身ではなく、自ら求め究めていくことを大切にしているのが桐朋高の文化になっています。

このように質の高い授業を追求することを通じて、自ら考え、判断し、行動することができる人間を育てようとしています。

桐朋高の魅力に、多様な個性が存在することがあげられます。小学校・中学校・高等学校のそれぞれの段階において児童・生徒を募集しているため、多様で個性あふれる友人との連携が大きな教育効果をあげています。

高校段階では約50名の生徒募集を例年実施しています。桐朋中学校からの内部進学者もいるため、高校から入学することで、以前から桐朋にいる生徒たちと協調できるだろうかと不安になる受験生もいるようですが、これは全く心配がありません。さまざまな個性を尊重するのが桐朋のモットーであり、「入学して1～2カ月もすれば、桐朋にすっかりなじんでしまう」のだと片岡校長先生は話します。

自由な精神で先進的な人間を育成

桐朋高の代名詞ともいえるのが「自由・闊達さ」です。高校生は、制服の着用は義務づけられておらず、生徒が各自、自分の好きな服装で登校してきます。また、校則のようなもので生徒を束縛することはいっさいなく、学校生活のすべてが、各人の自覚と判断にゆだねられています。

そうした環境で、生徒たちは、「自由だからこそ、自身で判断することが求められている」ということを伝統的に自覚しています。

学校行事にしても、できうる限り生徒の自主性に任せ、企画・立案から実施まで生徒が主導して行っています。

「その一例が、高校2年次に実施される修学旅行です。クラスごとに、生徒によって構成された委員会で細部まで協議し、修学旅行先でどこを訪れ、どんな体験をするのかを生徒たちが決めていきます。現地への経路もグループごとに自由に設定し、それぞれ決められた目的地に違った経路や交通手段で赴きます。」（片岡校長先生）

林間学校や桐朋祭（文化祭）も同様に、生徒が自主的に企画・運営を行い、大いに盛りあがる行事となっています。

桐朋では「行事は生徒が創る」ということが基本となっています。先生方は必要があればアドバイスをしたり相談に応じてくれ、生徒を見守る姿勢に徹しています。

授業風景

高い専門性を持った先生方によるアカデミックな授業が桐朋高の特徴。教員独自のオリジナルテキストも多く使用されています。

英語の授業

数学の授業

新校舎

桐朋高では、２０１６年の完成をめざして新校舎の建設が進められています。段階的に工事が行われているので、今年度の２学期からは早くも完成した特別教室棟の利用が始まりました。

新校舎　国語教室

新校舎　音楽室

キャンパス完成予想図

完成した教科教室棟

完成イメージ　多目的ラウンジ

完成イメージ　集会室

新校舎　地学教室

完成イメージ　食堂

完成イメージ　図書館

学校行事

「行事は生徒が創る」という理念のもと、すべての行事が生徒の手で企画・実行されています。なかでも６月に行われる桐朋祭（文化祭）は全校あげての行事ということもあり、毎年大いに盛りあがります。

林間学校

教育実習生との懇談

スポーツ大会

桐　朋　祭

新校舎建築で新たな歴史がスタート

学校創立75周年を迎える2016年をめざし、高校3年生棟と体育館を除く全校舎の新築を行うという大プロジェクトが、いま進行中です。すでに2012年度に着工し、最初に着手した教科教室棟は2013年の6月から利用が開始されています。

仮校舎を設置することはせずに新しく校舎を作っていけるのは、7万6000㎡という広大なキャンパスを有している桐朋高だからできたことでしょう。

新校舎建設にあたり、なによりも重視したことが、「桐朋がめざす教育が可能な校舎という視点」だと片岡校長先生は言います。そのため先生方が徹底的に論議・検討を重ね、授業がより充実・発展が可能な校舎というコンセプトが凝集されたものとなっています。

これまでも中学・高校に本格的なプラネタリウムを保有していましたが、新校舎においても従前よりさらに設備の整ったデジタル化された新プラネタリウムが完成しました。また、望遠鏡のある天文台も併設されています。

ほかにも、理科教科の階段教室や、実験によって発生する気体の吸引設備を有したドラフトチャンバーなど、桐朋高の授業は伝統的に高い専門性を有した授業が展開されていました。これらを継承しつつ、今回の新築においては、その専門性をさらに発展できる校舎が完成します。

また、生徒の快適な生活空間としていくことも新校舎の目的の1つです。さまざまな設備を機能的で使いやすいものとする工夫が随所に施されています。教科教室棟1階の入り口付近には展示スペースが設けられ、各分野で話題となっているものが展示できるようになります。

そして、従来からキャンパス内にある「みや林」とよばれる雑木林は、校舎新築にあたっても、そのまま残し、生徒の快適な学校生活を送ることができるよう配慮が施されています。こうした新校舎の完成によって、また新たな桐朋教育の1ページを紡ぎつつあります。

各界で活躍する多士済々の卒業生

桐朋高を卒業したOBが口を揃えて述懐することがあります。それは、「どんな場所に行っても桐朋高の卒業生がいる」ということです。自主性を尊び、個性豊かな育ち方をした桐朋高の卒業生たちは、真の自由の精神を体得し、進歩的で各界をリードしていける実力を有した人材に育っていきます。

そして、卒業生が互いに助け合い、励まし合って切磋琢磨していくことが桐朋高のよき伝統となっています。

在学中の生徒たちのために、卒業後ちょうど10年を経過した先輩たちが学校を訪れ、後輩たちに、いま自分がしている仕事内容について語ったり、進路のアドバイスをする企画（在学生卒業生懇談会）も毎年実施されています。

生徒たちが将来を考えるにあたり、視野を広くもっていけるきっかけともなり、具体的な進路を模索する過程において大きなプラスとなっています。

片岡校長先生は「桐朋高に入ったということが最良の選択だったと思える3年間を過ごしてほしいですし、そのために精一杯のサポートをしていきます。

本校を選んだからには、高校3年間を大学受験のための準備期間だとは捉えず、クラブ活動や委員会など、なにかに打ち込んだ充実した高校生活にしてほしいです」と自信を持って話されます。

磨かれた知性に基づく気品の高さと、アカデミズムを根幹に21世紀を支える有為な人材群を形成し続ける桐朋高等学校に熱い視線が注がれています。

School Data

所在地　東京都国立市中3-1-10

アクセス　JR中央線「国立」・JR南武線「谷保」徒歩15分

生徒数　男子961名

TEL　042-577-2171

URL　http://www.toho.ed.jp/

3学期制　週6日制

月・火・木・金6時限　水7時限　土4時限

50分授業　1学年7クラス　1クラス約46名

2013年度(平成25年度)大学合格実績 (　)内は既卒

大学名	合格者	大学名	合格者
国公立大学		私立大学	
北海道大	4(1)	早大	130(68)
東北大	4(2)	慶應大	105(50)
筑波大	6(1)	上智大	54(24)
東京大	23(11)	東京理大	79(34)
東京医科歯科大	2(0)	青山学院大	18(12)
東京学芸大	7(3)	中央大	75(35)
東京外大	4(0)	法政大	26(18)
東京工大	13(6)	明治大	87(44)
東京農工大	8(4)	立教大	37(24)
一橋大	14(6)	学習院大	6(4)
首都大東京	15(6)	東京薬科大	10(4)
横浜国立大	13(5)	国際基督教大(ICU)	10(2)
京都大	8(6)	北里大	12(4)
その他国公立大	25(17)	その他私立大	179(115)
計	146(68)	計	828(438)

富士見丘高等学校

海外大学進学も視野に 生徒の学習を的確支援

富士見丘の姉妹校留学制度は充実しています。イギリス、アメリカに各２校、そしてオーストラリアに１校、合計３カ国５校の姉妹校で３ヶ月･６ヶ月留学を実施しています。このような海外での学習体験を経た生徒の中から海外大学進学への志が育っています。

1年終了時までに 英語基礎力を養成

英語コミュニケーション能力の育成プランから説明しましょう。1年終了時までに、ネイティブがゆっくり話す英語を理解でき、また自分の経験・夢・希望を簡単な英語で説明できる力を付けることが富士見丘の目標です。

目標実現のために取り入れているものが、TOEIC Bridgeです。目指すスコアは150（フルスコアは180）。この勉強は週に1回の授業が行われますが、学習の中心はeラーニングで進めます。eラーニングの長所は各人のスピードに合わせて勉強できるところにあります。特にレベルの高い生徒は、驚くほど速くコミュニケーション能力を上達させます。

またeラーニングの家庭学習が予習の役割を果たすので、授業の質も向上し、短期間の実力アップが実現します。

次に読解力の強化プランを見てみましょう。辞書を使わずに英語の本を読み進める〝Extensive Reading〟の授業が高校1年の英語授業として設置されていることも富士見丘の特徴です。

最初の授業で各自の英語読解力を測るテストを実施して、10段階のレベル判定を行います。それぞれのレベル毎に30冊の英書が用意されていて、その中から各自が読む本を選びます。読み終わったら、コンピュータで筋書きに関する英語クイズに取り組みます。クイズに合格した本の総ページ数によって成績がつくため、全員が必死に本を読み進めます。

このようなプロセスを経ることで、日本語を介さずに英文をそのまま理解する習慣が自然に身に付きます。こうして英語を読むスピードが速まり、読解力も高まります。このスキルも1年終了以前に獲得するのが目標で、英語長文に対する苦手意識克服に大きな力を発揮しています。

さてこのような英語基礎能力向上策の基盤の上に成り立っているのが、アメリカ西海岸修学旅行と3ヶ月・6ヶ月姉妹校留学です。

5姉妹校で実施する 3ヶ月・6ヶ月留学

アメリカ西海岸修学旅行のメインイベントは姉妹校生徒との交流です。姉妹校生徒が手作りランチで本校生徒一人ひとりを暖かく迎え、友情を育みます。

一方3ヶ月・6ヶ月姉妹校留学は

希望制です。応募資格は、TOEIC Bridgeのスコアが150を超えていること。応募締め切り日までに資格を得ていなければ出願できません。

　ところで姉妹校留学のメリットは何でしょう。第1に、留学生に対する各姉妹校の受け入れ体制があらかじめ分かっているので、留学生の目的や実力に合った学校を選ぶことができます。例えば、宿題も課題発表のプレゼンテーションも現地校生徒と全く同一に課してくる学校もあれば、日本人留学生には宿題を軽減する学校もあります。現地校生徒と全く分け隔てなく扱う学校への留学は、英語力を飛躍的に伸ばしますが、過酷な勉強に耐えうるだけの学力と精神力が要求されます。

　第2に留学生を受け入れる姉妹校も今までの経験上、本校留学生の英語レベルを心得ているため、指導が的確で効果を上げやすいという長所も見逃せません。

　第3に毎年継続して行われているので、既に本校生徒と友人になっている姉妹校生徒もおり、こうした生徒の存在は、海外留学にチャレンジする本校生にとっては心強い味方となります。

　こうした留学環境の中で、本校生は姉妹校での授業に打ち込むことができます。ディスカッションやプレゼンテーションなど、日本の平均的スタイルとは異なる授業も豊富にあり、姉妹校留学がきっかけとなり海外大学進学を志す生徒や日本国内の大学進学後に、海外大学留学を目指す生徒が増えています。また姉妹校留学を通じて海外の友人をつくり、国を超えたネットワークを形成することも一生の財産となります。若者の内向き志向が問題化している今日、このような生徒の育成は大きな意義があると確信しています。

海外大学への接続とその進学準備

　指定校推薦制度を利用して進学できる海外大学はイギリスのロンドン大学キングスカレッジとオーストラリアのクイーンズランド大学。前者は2012／2013年度版QS世界大学ランキングで26位、後者は同ランキングで46位の名門大学です（東大は同ランキングで、30位。これが日本のトップランクです）。

　これらの大学に指定校推薦で進学するために要求されるのが、学校長推薦のほか、IELTS、またはTOEFL（両者とも英語を母国語としない留学生のための英語能力試験）のスコアです。

　このスコアアップを目指す生徒のための授業が、高校の全学年に設置されている選択授業“Academic English〟。この授業は、生徒のレベルによりBasic、1st、2ndの3クラスに分かれています。BasicではAcademic Vocabularyを増やすことに重点が置かれ、1stではAcademic Writingの力を伸ばしてレポート作成の力を付けます。そして総仕上げとなる2ndではIELTSやTOEFLの実践トレーニングで高スコアを狙います。

　また海外大学進学が決定した生徒に対しては、高校卒業後海外大学入学までの4～6月の3ヶ月間“Academic English〟の授業を継続受講できることも富士見丘の大きな特色です。

富士見丘高等学校

〒151-0073
東京都渋谷区笹塚3-19-9
TEL (03) 3376-1481
http://www.fujimigaoka.ac.jp/

高等学校説明会

9/29（日）　文化祭
10：00～15：00　文化祭
10：30～11：00　説明会

10/19（土）　特別講座見学・部活動体験
10：00～11：00　説明会
11：00～13：30　特別講座見学・部活動体験 ※

11/23（土・祝）　個人相談会
13：00～14：00　説明会
14：00～15：00　個人相談会 ※

11/30（土）　入試問題傾向と対策
13：00～14：00　説明会
14：00～15：00　入試問題傾向と対策
15：00～　個人相談会 ※

12/7（土）　入試問題傾向と対策
10：00～11：00　説明会
11：00～12：00　入試問題傾向と対策
12：00～　個人相談会 ※

なお、11/30（土）と12/7（土）の内容は同一です。

※印のものは原則事前のご予約をお願いします。

女子校　東京都　千代田区

千《ち》代《よ》田《だ》女《じょ》学《がく》園《えん》高等学校

「品格」ある「知性」の高い子女の育成

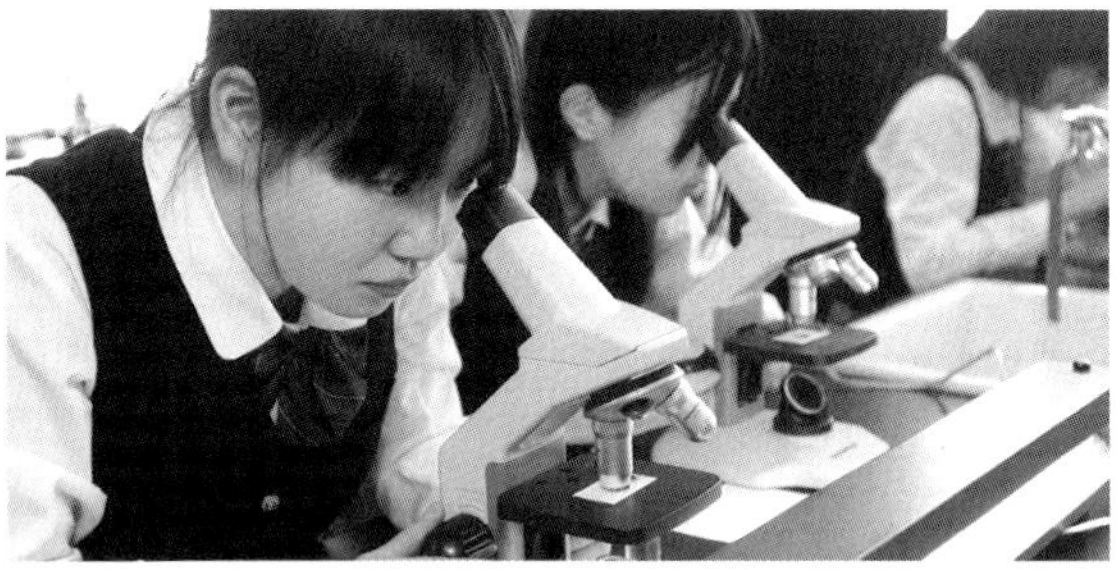

各自の能力に合わせた独自プログラム

千代田女学園は、1888年（明治21年）、浄土真宗の僧侶である島地黙雷師によって、現在の地に「女子文芸学舎」として創立。学園の心として「叡知・温情・真実・健康・謙虚」を掲げ、女子教育の伝統を生かした学習・情操両面のきめ細かな教育活動により、「品格のある知性の高い」子女の育成をめざしています。

1人ひとりの目標の実現のために、「特進コース」と「進学コース（国際専攻含む）」の2コースで、きめ細かな教育を実践しています。

少人数制の「特進コース」ではハイレベルな授業が行われ、難関大学への合格を目標にしています。生徒の意欲を高め、1人ひとりに合ったアドバイスをするため、年5回の面談が行われています。そのほか、高1で週3回、高2で週2回の7時限授業が行われ、4泊5日の夏期合宿、長期休暇の講習などで、着実に受験に必要な学力を養っていきます。また、2年次からは理・薬学専攻か、難関文系進学専攻を進路に合わせて選択します。

「進学コース」には系列大学への内部進学や指定校大学への進学をめざす「進学コース」と、英語を活かした進路をめざす「国際専攻」があります。「国際専攻」では、高2でのニュージーランド海外総合セミナー（1カ月）が必修となっており、そのほか、海外交換留学プログラムなど、国際交流を深め、英語力を向上させるカリキュラムが多く用意されています。

コース制だけではなく、学力をステップアップさせる補助学習も充実しています。放課後はスタディーホール（図書室）で、月～金は18時30分（土は16時）まで自習が可能。曜日ごとに5教科の担当者が常駐し、質疑応答ができます。

そのほか、「朝読書」、「ミニテスト」、高3では大学入試問題を用いた「受験講習」など、基礎から応用まで、希望進路を叶えるための学力を育んでいます。

こうした指導の結果、多くの難関大学への進学も実現し、大学への現役合格率は85％を超えています。また、首都圏を中心に500名を超える指定校推薦枠があり、学校での学習の成果が大学進学につながっています。

系列校の武蔵野大へは、薬学部・看護学部・人間関係学部、教育学部、政治経済学部など多数の推薦枠があり、推薦を確保したままほかの大学を受験できる優遇制度も用意されています。

仏教の教えを大切にし、人間性を磨くとともに、生徒のそれぞれの可能性を引き出し、夢の実現を可能にしている千代田女学園高等学校です。

School Data

所在地	東京都千代田区四番町11
生徒数	女子のみ194名
TEL	03-3263-6551
アクセス	地下鉄有楽町線「麹町」・半蔵門線「半蔵門」徒歩5分、JR線ほか「市ヶ谷」・「四ッ谷」徒歩8分
URL	http://www.chiyoda-j.ac.jp/

男子校　北海道　函館市

函館《はこだて》ラ・サール高等学校

集団生活で学ぶ多様な人間関係

School Data

所在地	北海道函館市日吉町 1-12-1
生徒数	男子のみ 562 名
TEL	0138-52-0365
アクセス	JR 線「函館」バス、函館市電「湯の川」徒歩 12 分
URL	http://www.h-lasalle.ed.jp/

全国各地から集まる仲間たち

函館ラ・サール高等学校は、1960年（昭和35年）にカトリック・ラ・サール修道会によって、北海道函館市に設立されました。

「ファミリー・スピリット（家族的精神）」という考えを基本とし、生徒は学校を1つの家族ととらえ、互いを思いやりながら学校生活を送っています。この、相手を思いやる隣人愛の精神は、全生徒が毎週受ける「倫理宗教」の授業で養われています。

函館ラ・サール最大の特徴は、「大部屋方式」と呼ばれる大部屋寮での生活です。大部屋方式は全国唯一の形態で、高校からの新入生は寝室・自習室・談話室といったすべての日常生活を集団で行います。集団生活は制約も多いですが、規律ある生活のなかで自立した精神が養われます。また、寮生同士は多くの時間をともに過ごすことで、かけがえのない友人となっていきます。大部屋方式で集団生活の基礎を身につけ、2・3年生からは、4人部屋で生活をします。

このように、函館ラ・サールには寮が完備されているため、生徒は全国から集まり、受験会場は北海道・東北地方の数カ所のほか、東京都や大阪府にも設けられています。生徒の出身地をみても、一番多いのは函館市内ですが、関東以西からの生徒も4割近くを占めています。

整った学習環境 白熱する行事

2年生からはそれぞれの進路によって文系・理系コースに分かれ、3年生になると、国立文系・私立文系・理系とさらに細かく3つのコースに分かれます。理系コースでは難関医学部受験にも対応できるよう、理科3科目の授業を履修することも可能となっています。

また、授業料免除制度、入学金減免制度、返還義務のない奨学金制度など、金銭面でのサポート体制も整っており、生徒それぞれが希望の進路を叶えられる環境が用意されています。

函館ラ・サールでは学習指導だけでなく、行事にも力を入れています。

毎年2月に行われる雪中運動会は、降り積もった雪の上で騎馬戦やそりリレーなど、熱い戦いを繰り広げます。開校以来続いている名物行事の速歩遠足は、27kmの距離を歩いたり走ったりしながら、1人ひとりがゴールをめざします。

北海道の豊かな自然のなかで、自立心と協調性を育んでいる函館ラ・サール高等学校です。

共学校

神奈川県立 川《かわ》 和《わ》高等学校

市毛《いちげ》 正仁《まさひと》 校長先生

確かな学力と豊かな人間性を備えた次世代を担う人材育成をめざす

川和高校の学校生活は、学業と学校行事や生徒会活動・部活動を積極的に展開することに特色があります。生徒同士が互いに学びあう教育環境が連綿と受け継がれ、集団生活の喜びが肌で感じられる進学校として注目されています。

横浜市旧港北地区で最初の県立高校として誕生

神奈川県立川和高等学校（以下、川和高）は、１９６２年（昭和37年）に横浜市旧港北地区に住む人たちの強い要望から、同地区で最初の県立高校として創立されました。開校以来、横浜北部で中核的な高校としての役割を担っており、２０１０年（平成22年）から学力向上進学重点校に指定されています。

２０１２年（平成24年）には創立50周年を迎え、校訓「誠実・勤勉・質朴」のもと、川和高がめざす教育として、次の3項目をあげています。

①自らの志を立てて新しい社会を創造し、時代を拓く力を持って様々な分野で活躍できるリーダーの育成。

②「学業」にも「学校行事、生徒会活動や部活動」にも全力で取り組む生徒の育成。

③お互いを尊重し、理解する、他人への思いやりをもつことのできる生徒、ま

体育祭

縦割りで3つの団に分かれます。午後に行われる団別パフォーマンスは、どの団も力を入れており、コスチュームも生徒各自で作っています。

た、しっかりとした社会規範をもった生徒の育成。

市毛正仁校長先生は「本校では、勉強だけではなく、勉強以外でなにか打ち込めるものを見つけるように指導しています。部活動、生徒会活動、学校行事、どんなことでもよいので、勉強以外で自分が打ち込めるものを見つけ、どちらも全力で取り組むことで、逞《たくま》しい体力、精神力、集中力を培ってもらいたいと考えています。

そして、本校を卒業したあと、その先にある大学や社会でも学ぶ姿勢を持ち続け、それぞれの場でリーダーとして活躍できる生徒の育成をめざしています」と話されました。

クラス編成は 生徒の希望を最大限反映

川和高のカリキュラムは、基礎的な学力の伸長を図るために、1年次は芸術科目を除いたすべての科目を必修で学びます。

2年次は、生徒の進路希望ごとにⅠ型とⅡ型に分かれます。Ⅰ型・Ⅱ型の分類について市毛校長先生は「2年生の段階で文系か理系かの選択を迫るのではなく、進路を決めかねている生徒にも対応できるよう、柔軟性を持たせたカリキュラムとなっています。それがⅠ型とⅡ型という、ゆるやかな文・理分けの形です」と説明されました。

3年次は、文型と理型に分かれますが、その際、2年次のⅠ型・Ⅱ型のクラスは一度シャッフルされ、新たなクラスが編成されます。自分の進路を考慮しつつ選択科目を決め、選択した科目によってそれぞれのクラスに編成されます。現3年生は、文型が4クラス、理型が4クラスとなっています。

「Ⅰ型・Ⅱ型、文型・理型へのクラス分けは、1年次と2年次に行う進路希望調査で、生徒の希望をよく聞いてから編成しています。県立高校のなかでは、理系志望の生徒が多いのが特徴です。」（市毛校長先生）

生徒1人ひとりが 部活動との両立をめざす

川和高では、学習の基本は授業と考えているため、毎日充実した内容の授業が行われています。進度も速く、数学は1年生の12月から数Ⅱに入り、2年生のⅡ型クラスでは、1月から数Ⅲを学び始めます。

少人数授業は、1年生の数学が2クラスを3展開し、2年生の英語ライティングが1クラスを2展開して行われています。

授業展開について市毛校長先生は「部活動の参加率が96％にもおよぶため、土曜日は部活動に積極的に取り組んでもらおうと、授業を行っていません。そのぶん授業進度は速くなってしまいますが、ふだんの授業はしっかりと行うことを心がけ、数学や英語に関しては少人数授業を取り入れるなど、すべての生徒が進度に対応できるような指導体制を整えています。

　また、生徒たちが自ら勉強する雰囲気を作り出していることが、本校のよいところだと思います。受験は団体戦だといわれますが、教員と生徒の間はもちろんのこと、生徒同士でも教えあうということが自然と行われており、お互いにモチベーションを高めあっています」と説明されました。

　生徒の勉強する姿勢を応援するための環境も整っており、自習室は個別ブースになっている部屋を含めて2種類を用意。冷暖房も完備され、早朝や放課後に多くの生徒が利用しています。

　夏休み中に実施される夏期講習は、1・2年生は補習要素の講習、3年生は受験対策の講習となっています。どちらも1週間単位の講座が約20ずつ用意されています。

「夏休みには部活動のスケジュールもありますから、日程の調整に気をつかっています。6月ごろまでには夏期講習の開講予定一覧を発表して、夏休みのスケジュールが立てやすいよう配慮しています。」（市毛校長先生）

特徴的な進路説明会は保護者にも好評

　進路進学指導については、3年間を通して計画的に実施されています。実力テスト（模擬試験）は、1・2年生で年4回、3年生で年3回実施しています。生徒個人の成績は管理されており、得意科目はさらに伸ばし、不得意科目は克服をめざすなど、生徒1人ひとりの現状にそった指導を行っています。

　また、キャリア教育の一環として、大学教授による出張講義や、大学職員による大学の説明会が行われています。2年生を対象として、毎年約15大学が出張講義を行っています。

　全学年を対象とした社会体験（インターンシップ）では、横浜国立大での研究室見学、病院での看護体験などが実施され、生徒たちにとって将来を考えるよい機会となっています。

「3年生の保護者を対象にした進路説明会が特徴的です。直近の受験情報は、本校の進路担当からの説明だけでなく、予備校講師の方を招いて説明をしていただいています。そのあとの分科会では、今年大学に合格した生徒の母親が、身近な問題点を保護者の前で話してくださいます。学費などの金銭的な話から、子どもの寝る時間や入試前の接し方などの生活面の話まで、実体験に基づいた親の目線

川和祭（文化祭）

生徒たちはクラスごとに縁日やゲーム、模擬店を開催し、来校者たちを楽しませています。体育館では部活動の発表も行われます。

ロードレース

全校生徒が参加するマラソン大会です。毎年11月にこどもの国で行われます。開催当初から雨で中止になったことがないという、伝統行事です。

部活動

部活動がとても盛んで、生徒の96％が参加しています。今年度は7つの部活が関東大会に出場しました。

自習室

個別ブースの自習室です。部活動との両立をめざす生徒のために、自習室は早朝や放課後も開いています。

からの身近な話が聞けるということで、保護者にとても好評です。」（市毛校長先生）

文武両道をめざしながら高い合格実績を維持

大学合格者数は堅実な実績をあげています。文武両道をめざしながらの進学実績について「本校は部活動の参加率が全県でも非常に高いのが特色ですが、そのなかでこの大学合格率を維持しています。生徒たちは3年生の夏休み前後までは部活動などに全力で取り組み、これらの活動を引退してからは受験勉強へ猛烈に取り組んでいきます。この切り替えのうまさも合格実績につながっているのでしょう。

私立大ももちろんですが、これからは国公立大への進学率をさらにあげるための指導に力を入れていきたいです。」（市毛校長先生）

富士を見渡す都筑の丘に、約3万8000㎡という広大な敷地を有する川和高。2008年（平成20年）には、横浜市営地下鉄グリーンライン「都筑ふれあいの丘」駅ができたことで利便性も向上しました。

最後に、どのような生徒さんに入学してもらいたいか市毛校長先生に伺いました。

「学力をつけるための勉強も一生懸命に取り組んでほしいですが、勉強だけではなく、なにか1つ打ち込むものを見つけることができるような生徒さんに来てもらいたいです。川和高校の先輩のように、プラスαでなにか頑張ってやろう、という熱意のある生徒さんを待っています。」

School Data

所在地	神奈川県横浜市都筑区川和町2226-1
アクセス	横浜市営地下鉄グリーンライン「都筑ふれあいの丘」徒歩15分、東急田園都市線「市が尾」バス
TEL	045-941-2436
生徒数	男子451名、女子507名
URL	http://www.kawawa-h.pen-kanagawa.ed.jp/

✣2学期制 ✣週5日制
✣月・火7時間 水・木・金6時間 ✣50分授業
✣1学年8クラス ✣1クラス40名

2013年度（平成25年度）大学合格実績（ ）内は既卒

大学名	合格者	大学名	合格者
国公立大学		私立大学	
北海道大	1(0)	早大	82(19)
東北大	1(0)	慶應大	34(11)
筑波大	2(2)	上智大	44(10)
千葉大	2(0)	東京理科大	33(10)
お茶の水女子大	2(1)	青山学院大	66(17)
東京大	2(2)	中大	71(23)
東京学芸大	1(0)	法政大	47(21)
東京工大	2(0)	明大	103(17)
東京農工大	2(1)	立教大	62(13)
一橋大	1(1)	学習院	9(2)
横浜国立	24(2)	国際基督教大(ICU)	1(0)
首都大東京	7(2)	東京女子大	8(0)
横浜市立	7(2)	日本女子大	14(1)
その他国公立大	8(5)	その他私立大	499(140)
計	62(18)	計	1073(284)

国公立大学+難関私立大学
合格者数3.4倍増!

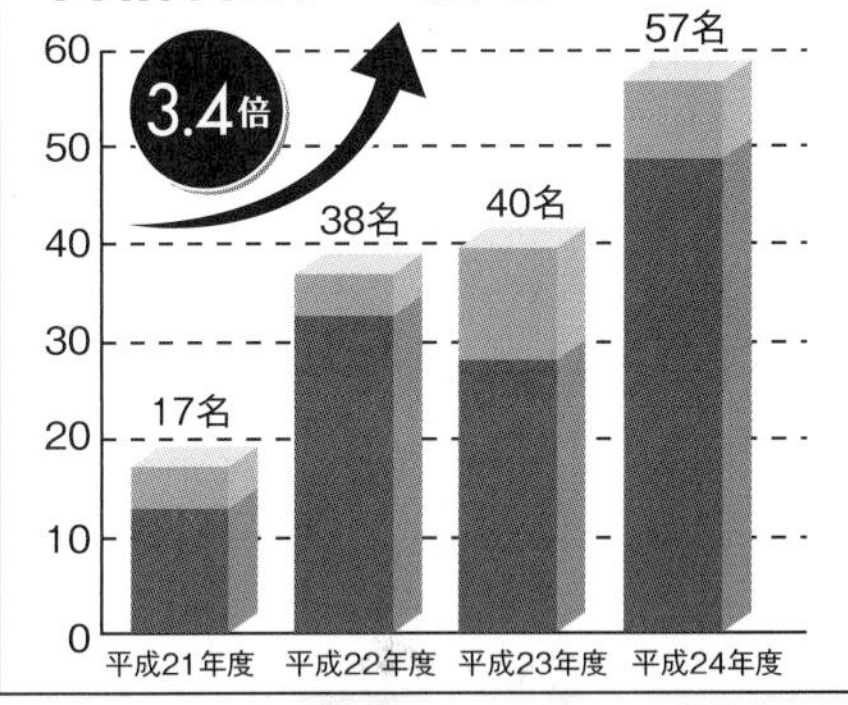

学校説明会 会場:本校(予約不要)

第1回　9月14日(土)　10:00〜
第2回　10月 5日(土)　14:00〜
第3回　11月16日(土)　14:00〜
第4回　11月30日(土)　14:00〜
第5回　12月 7日(土)　14:00〜

〔主な内容〕・学校概要と入試概要・校舎見学・個別相談

体験学習 (要予約)

9月14日(土)　13:00〜

文理特進コース入試模擬体験 (要予約)

10月26日(土)　14:00〜
文理特進コースミニ説明会(予約不要)　14:15〜

京王線北野、JR八王子南口、
JR・西武線拝島より

スクールバス運行中。片道約20分。電車の遅れにも対応。

HIGH SCHOOL OF KOGAKUIN UNIVERSITY

工学院大学附属高等学校

文理特進コース
文理普通コース

〒192-8622　東京都八王子市中野町2647-2
tel.042−628−4911(直) fax.042−623−1376
http://www.js.kogakuin.ac.jp　e-mail nyushi@js.kogakuin.ac.jp

八王子駅・
拝島駅よりバス

和田式教育的指導

成績をあげるにはケアレスミスを減らすことが大切

成績をあげるには、勉強する進度を速くして先取り学習をすることや、知識を多く詰め込むことだけが重要だと思ってはいませんか。じつは、ケアレスミスによる失点を少なくすることも、大きな意味を持ちます。今回は、ケアレスミスを防ぐためのポイントをお話ししましょう。

ケアレスミスで失点しないために

試験では、とにかく点数をあげることばかりを考えてしまいがちです。しかし、じつは失点を減らすことも重要なのです。

例えば、穴が空いた桶に水を入れることを想像してみてください。小さな穴であっても、塞がずに水を入れれば、どんなに多く水を入れたとしても、いつまでたっても桶はいっぱいにはなりません。水を入れる前には、必ず穴を塞ぐ必要があります。

受験勉強もそれと同じことが言えます。どんなに勉強をしても、ケアレスミスによって失点をしてしまっては意味がありません。

桶の穴を塞ぐように、ケアレスミスを減らすことを心がけながら勉強に取り組みましょう。

基礎的なことを確実なものにする

それでは、どのようにすればケアレスミスを減らすことができるのでしょうか。まずは、どの教科においても、基礎的なことを省かずにしっかりと身につけ、チェックをしながら勉強をするようにします。

ケアレスミスというのは、勘違いをして覚えていたり、問題に出され

Hideki Wada

和田秀樹

1960年大阪府生まれ。東京大学医学部卒、東京大学医学部附属病院精神神経科助手、アメリカのカールメニンガー精神医学校国際フェローを経て、現在は川崎幸病院精神科顧問、国際医療福祉大学大学院教授、緑鐵受験指導ゼミナール代表を務める。心理学を児童教育、受験教育に活用し、独自の理論と実践で知られる。著書には『和田式　勉強のやる気をつくる本』（学研教育出版）『中学生の正しい勉強法』（瀬谷出版）『難関校に合格する人の共通点』（共著、東京書籍）など多数。初監督作品の映画「受験のシンデレラ」がモナコ国際映画祭グランプリ受賞。

ている条件を忘れてしまったりということが多いものです。きちんとチェックをすることで、そうしたケアレスミスを防ぐことができます。

例えば数学では、問題に書かれた重要な条件（図形問題における合同や相似の条件など）にチェックをしておく、途中式を省かない、最後には必ず代入して確認をするといったことです。英語の長文読解では、訳せないところに線を引いておく、知らない慣用句が出てきた場合には余白の部分にその慣用句を抜き出しておく、などです。

こうした確認作業に慣れると、次第に自分がよくやるケアレスミスのパターンも知ることができます。

ミスをなくす方法を習慣化しよう

よくやってしまうミスがわかったら、次のステップです。ケアレスミスを減らしていきましょう。

そのためにおすすめしたいのが、ミスをした部分を書き出す「ミスらんノート」を作ることです。

これは、私が出した『ケアレスミスをなくす50の方法』（ブックマン社刊）という本でも紹介しているものです。大学受験生を対象にした本ですが、中学生にも参考にしてもらえると思います。

間違えてしまった問題は、必ず「ミスらんノート」に書いて、解き直してみましょう。それと同時に、ケアレスミスをしてしまった理由と今後同じミスをしないための具体的な対策方法を記しておきます。

この作業をすることで、自分のミスとじっくりと向きあい、解決策を身につけることにつながります。

『失敗学のすすめ』を書いた畑村洋太郎東大名誉教授も言っていることですが、「失敗は成功のもと」と言える人は、失敗を反省し、二度としないからです。1回した失敗は、二度としないようにすることが大事なのです。「ミスらんノート」を作ってつねに失敗に目を向け、反省し、ケアレスミスを分析する習慣をつけましょう。

ケアレスミスの克服方法として、3色ボールペンを使うやり方もあります。勉強にはシャープペンではなく3色ボールペンを使い、ケアレスミスには赤と青のボールペンでチェックを入れます。1度間違えたミスには赤で、何度も間違えてしまうミスには青でチェックをすることで、ミスの頻度がひと目でわかります。

ボールペンを使う理由は、ミスした部分を残しておくことができるからです。消しゴムで消してしまっては、間違えたところを忘れてしまいます。

ケアレスミスは一朝一夕になくなるものではありません。こうしたチェックと反省を繰り返し、ミスを減らす勉強スタイルを習慣化することが大事なのです。同じ過ちをおかさないように、徹底して自分のミスをチェックしてください。

開智高等学校

抜群の進学実績を支える予備校以上の進学サポート

年々大学合格実績を伸ばしている開智高校。今春の大学合格者数の埼玉県におけるランクも、国公立大学第3位、早慶上理・MARCHともに第1位というすばらしいものでした。また、高入生の難関国立大学（旧帝大一工）の現役合格者数8名は埼玉私学第1位で、その中には、東北大と名古屋大の医学部医学科を含むという輝かしいものでした。

何事にも意欲的な1・2年生

開智高校が生徒に求めるのは、自ら積極的に学校生活を送ろうとする姿勢です。授業における「学び合い」の導入、放課後自主活動（月・木は放課後も学習日、他の4日については既存の部活動に参加するもよし、自らサークルを立ちあげて活動するもよし、ひたすら独習するもよし）、生徒主体の学校行事（体育祭・時鐘祭（文化祭）、球技祭、ロードハイク等）。1・2年次に積極的に学校生活に関わる姿勢を身につけることで、3年次の徹底した進路学習プログラムが活きることになります。

「学び合い学習」は、先生の話を聞いて覚えることに加えて、自ら考え、調べ、発信することで、さまざまな考え方や発想に触れ、柔軟な思考と他者の尊重、さらなる自己向上をめざしています。最近認知されつつある「協調学習」・「協働（協同）学習」などと呼ばれる学習方法を先駆的に通常授業の中に取り入れ、生徒の理解力向上につなげています。

放課後自主活動については、すべての生徒に平等に活動の機会を与え（週4日）、その中で個々の生徒が自分のやりたいことをやっていきます。既存の部活動がなければ自ら「サークル」を創り、活動していくことを可能にしています。月曜と木曜は英語・数学を中心に全クラスで補習授業が行われます。

学校行事への関わりにしても、文化祭や体育祭が「あるから参加する」というだけでなく、実行委員会を中心に、どうすればよりよいものにできるかを考え、必ず前年と違う企画を取り入れて実施しています。

1・2年次に主体的・能動的な「学び」を身につけた生徒が、3年次に用意されているさまざまなプログラムを有効に活用することで、進路目標を達成していくことになるのです。

3年次　授業・特別講座・講習をリンクさせた徹底した受験サポート

1．卓越した指導力の教師による授業

S類は国立型時間割になっているため、月曜日から土曜日まで週34時間の授業を行います。一方D類は、国立大学を受験する生徒と私立大学のみ受験する生徒が混在していますから、国立大学を受験する生徒が授業を受けている時間に、私立大学しか受験しない生徒は、「独習」

入試説明会・個別相談日程

入試説明会　予約不要　所要時間約90分				個別相談　予約制
9月21日	土		13時30分～	10時00分～16時30分
9月28日	土		13時30分～	10時00分～16時30分
10月26日	土		13時30分～	10時00分～16時30分
11月2日	土	10時00分～		10時00分～16時30分
11月16日	土		13時30分～	10時00分～16時30分
11月23日	祝	10時00分～	13時30分～	10時00分～16時30分
12月14日	土	10時00分～		10時00分～16時30分

※個別相談はすべて予約制です。詳細は９月初旬以降開智学園高等部ＨＰをご参照ください。

平成25年 大学合格数

国公立大学（　）は現役		
大学名	合格者	高等部
東京大学	11(9)	1
京都大学	1(1)	1(1)
北海道大学	3(2)	1
東北大学	9(8)	5(4)
名古屋大学	3(3)	1(1)
筑波大学	14(13)	6(5)
千葉大学	6(5)	4(3)
お茶の水女子大学	4(4)	2(2)
電気通信大学	7(5)	3(2)
東京農工大学	6(5)	5(5)
横浜国立大学	15(14)	6(6)
埼玉大学	12(9)	10(7)
その他国公立大学	76(66)	30(24)
国公立大学合計	167(144)	75(60)

私立大学（　）は現役		
大学名	合格者	高等部
早稲田大学	132(113)	46(35)
慶応義塾大学	72(63)	21(15)
上智大学	45(39)	20(19)
東京理科大学	141(123)	39(33)
明治大学	155(134)	77(64)
立教大学	74(62)	40(31)
法政大学	76(62)	60(50)
中央大学	83(65)	62(47)
青山学院大学	38(32)	22(17)
学習院大学	35(30)	19(15)
計	851(723)	406(326)

国公立大・医学部医学科	19(17)	5(5)

※ 国公立大学には自治医大・防衛医大等を含む

または「受験対策講座」を受講することになります。

高3の授業は問題演習の時間が多くなり、教科担当には特に卓越した受験指導力を有する教員を多く配置し、授業時間中に多くの実践的な経験を積むことができるようになっています。

2. 授業と完全にリンクした すべて無料の放課後特別講座

1・2年次は月曜日と木曜日が放課後も学習日でしたが、高3になると、週6日、1日3時間の「放課後特別講座」が実施されます。たとえば、東大を受験したいと考えている生徒には、月曜日に現代文・日本史・世界史、火曜日に数学、水曜日に英語、木曜日に古典、金曜日に数学・現代文、土曜日に化学・物理の講座が用意されていますので（25年度1学期実績、2学期には再編成します）、生徒は自分で必要とする科目を各曜日の講座から選択して受講します。放課後特別講座はすべて無料で受講することができます。

3. 生徒の進路目標に合わせ、圧倒的講座数をほこる夏期講習

1・2年次の夏期講習は前半・後半合わせて10日間で、勉強合宿（3泊4日）を合わせて約2週間、3年次は5日×6期の合わせて30日間実施します。3年次の多くの講座は2時間連続で、1日3～4講座開講します。今年度は合計160程の講座が実施されました。3年生の98％が何らかの講座を受講し、全期間受講した生徒もいますが、20日から25日程度受講する生徒が多数を占めています。長期休業中の講習は1時間あたり360円の受講料がかかります。

4. 直前の準備を万全にする センター直前講習

2学期の期末考査終了後からセンター試験直前まで特別時間割を設けて「センター直前講習」を実施します。冬季休業中は冬期講習として実施しますが、あわせて約1ヵ月間をかけ、徹底的にセンター試験対策を行います。センター試験で高得点をとるには、理解力とともにスピードが大切です。時間が足りなくてやり残してしまうことがないようにするためにも、より実践的な対策を立てて実施しています。

5. 受験前日まで面倒をみる 私大・国立2次対策講習

センター試験直後から私大対策直前講習を実施します。志望校別に講座を設けて、第一志望校合格をめざします。また、平行して3月上旬まで国立2次対策講座を実施します。特に国立後期の対策はほとんどマンツーマンで行われ、最後まで努力する生徒を徹底的にサポートします。開智の受験対策講習・講座は、普段授業を担当している教員が担当しているのが特徴です。授業の内容を理解しているのはもちろん、生徒の学力・進路希望などの情報を持ち、的確な指導を行うことで、多くの生徒が進学目標を達成しています。

KAICHI
開智高等学校
高等部（共学）
〒339-0004
さいたま市岩槻区徳力西186
TEL 048−794−4599（企画広報室）
http://www.kaichigakuen.ed.jp/
東武野田線東岩槻駅（大宮より15分）徒歩15分

教育評論家 正尾 佐の

高校受験指南書

【八拾弐の巻】今年出たおもしろい問題2

国語

前回から「今年出たおもしろい問題」シリーズを始めた。「おもしろい」といっても、この言葉の意味は1つでない。

気分の晴れやかな「楽しい・愉快だ」という意味もあるし、心が引きつけられる「興味深い」もあり、ちょっと変わっている「滑稽だ・おかしい」という意味もある。

滑稽な入試問題が出されることはまずない。そんな出題をしたら、教育委員会や学校の名折れだ。

楽しい入試問題というのも、ほとんで出ない。高校入試とは高校に入学を志願する者を選抜する試験だからだ。

人間を選別するということは、本当に真剣に取り組まなければならない行いだ。生徒諸君が真面目に受験勉強をしているように、選ぶ側も真剣なうえにさらに真剣に作問している（はずだ）。だから、「今年出たおもしろい問題」というのは、ほとんどが「興味深い」問題だということになる。

今回は国語だ。国語は大抵の問題文が「興味深い」内容だ。おもしろい＝興味深い問題文はたくさんある。そのなかで、普通の人の考え方・ものの見方とは逆の物事のとらえ方をしているような文章を取り上げることにしよう。

次の問題は、開成高校の出題だ。古文の問題なので、まず問題文だけを見てみよう。

次の文章を読んで、後の問に答えよ。なお、文章中の「（＝　）」はその直前の部分の現代語訳または注釈である。

諸君、列子《れつし》が書（＝『列子』という中国の古い書物）を見給《たま》へりや（＝みましたか）。

愚公といひし人ありけるが、家居《いへゐ》（＝住居）近く山のありしを厭《いと》ひて（＝嫌って）、わきへ移さむとて、日々に子ども引き具し出《い》でつつ（＝引き連れて出かけては）、手づから耒耜《すきくは》（＝土を掘り起こす農具）を執《と》りて一簣《き》づつ（＝土を運ぶ竹かごで一杯ずつ）毀《こぼ》ち（＝削り）とりけるを、智叟《ちそう》といひし人これを見て、「かく大きなる山を、僅《わづ》かなる人の力にて毀てばとて、毀ち尽くさるべきか」とその①愚かさを笑ひければ、愚公聞きて、「わが代より毀ち初《そ》めて、わが子の代にも継ぎて毀ち、わが孫の代にも、またその子の代にも継ぎて毀ちなば、終《つひ》にはわきへ移さぬ事やあるべき」といへば、いよいよ笑ひけるとなむ記しおきける。

もとより寓言《ぐうげん》（＝たとえ話）なれば、この人あるにはあらねども、愚公がいふやうなる事は、世に愚なりといへば、愚公と名づけ、智叟がいふやうなる事は、世に智なりといへば、智叟と名づけけるなるらし。

凡《およ》そ天下の事、②愚公が心ならば、遅くも一たびは成就《じやうじゆ》すべし。然《しか》るに世に智ありと称するほどの人は、大方《おほかた》智叟が心にて、愚公が山を移すやうの事を聞きては、その愚を笑ふほどに（＝笑うので）、何事もその功を成就せぬなるべし。然《しか》れば、世のいはゆる智は反《かへ》つて智なり。③世のいはゆる愚は反つて愚なり。

（室鳩巣『駿台雑話』による）

どうだい？　それほど読みやすいとは感じなかっただろう。全文を読んですぐに理解できる人は少ないだろうから、短く区切って読んでゆくことにしよう。

諸君、列子が書（＝『列子』という中国の古い書物）を見給へりや（＝みましたか）。

〈口語訳〉みなさん、列子の本をお読みになっているか。

列子という人は古代中国の思想家だ。孔子よりも少しあとの時代の人で、『列子』という書物を編んだと言われているが、確実なことはわかっていない。この『列子』という本は、例え話がたくさん載せられている。

愚公といひし人ありけるが、家《いへ》居《ゐ》（＝住居）近く山のありしを厭《いと》ひて（＝嫌って）、わきへ移さむとて、

〈口語訳〉（昔、）愚公という人がいたが、住まいの近くに山があったのを嫌って、脇に移そうとして、

愚公は人名だが、「お馬鹿さん」という意味にもとれる。『列子』では90歳になろうとしていた老人と記されている。自宅の北側を2つの高い山が塞いでいて、出入りするのにとても不自由をしていた。

それで、家族を集めて相談し、山を掘り崩して、その石や土は海に運んで捨て、平らにしてしまおうと決めた。

日々に子ども引き具し出《い》でつつ（＝引き連れて出かけては）、手づから耒耜《すきくは》（＝土を掘り起こす農具）を執《と》りて一簣《き》づつ（＝土を運ぶ竹かごで一杯ずつ）毀《こぼ》ち（＝削り）とりけるを、

〈口語訳〉毎日子どもたちを引き連れて出かけては、自ら耒耜を持って竹籠一杯分ずつ（山の土を）削り取っていたが、

愚公は子・孫の3人と作業を開始したが、石と土を海に捨てに往復するだけでも季節が変わるほどで、なかなか作業は進まなかった。

智叟《ちそう》といひし人これを見て、「かく大きなる山を、僅《わづ》かなる人の力にて毀てばとて、毀ち尽くさるべきか」とその愚かさを笑ひければ、

〈口語訳〉智叟という人がそれを見て、「こんな大きな山を、わずかな人の力で削ればといっても、削りつくせるだろうか」とその（行いの）愚かさを笑ったところ、

智叟は人名だが、「賢いおじいさん」という意味にもとれる。つまり、賢い老人が愚かな老人を嘲《あざけ》ったのだ。

愚公聞きて、「わが代より毀ち初《そ》めて、わが子の代にも継ぎて毀ち、わが孫の代にも、またその子の代にも継ぎて毀ちなば、終《つひ》にはわきへ移さぬ事やあるべき」といへば、いよいよ笑ひけるとなむ記しおきける。

〈口語訳〉愚公が聞いて、私の代から削り始めて、私の子どもの代にも引き継いで削り、私の孫の代にも、またその孫の子どもの代にも引き継いで削ったならば、ついには脇へ移さないことがあるだろうか（いや、必ず移せる）と言うので、ますます（智叟が）笑ったと（ある人が）記録しておいたのだった。

『列子』ではこう書かれている。愚公は嘆いて、逆に智叟を頭の固い人だと言い、こう説明した。私から子、子から孫、孫から曾孫《ひまご》、曾孫から曾々孫というふうに限りなく続く。私の子孫はどんどん増える。だが山はこれ以上増えない。いつかは平らになる。掘り崩せないなんて心配はしない。みごとな理屈だね。

もとより寓言《ぐうげん》（＝たとえ話）なれば、この人あるにはあらねども、

〈口語訳〉（この話は）もともとたとえ話であるから、こんな（愚かな）人が（実際に）存在しているのではないけれど、

愚公がいふやうなる事は、世に愚なりといへば、愚公と名づけ、

〈口語訳〉愚公が言うようなことは、世間では愚かだと言うから、おばかさんと名前をつけ、

智叟がいふやうなる事は、世に

智なりといへば、智叟と名づけるなるらし。

〈口語訳〉智叟が言うようなことは世間の人が賢いと言うから、賢いおじいさんと名づけたのらしい。

筆者の室鳩巣は、この話を実話でなく、たとえ話だと言っている。そして、愚公を愚かで、智叟を賢いと言うのが、世間の人々の考え方だというのだ。

凡《およ》そ天下の事、愚公が心ならば、遅くも一たびは成就《じやうじゆ》すべし。

〈口語訳〉おおよそ世の中のことは、（この）愚公の考え（で行う）ならば、遅く（なる）としても一度はやり遂げられるだろう。

しかし、室鳩巣は、愚公の思考を高く評価する。この考え方なら、時間はかかるがやり遂げられると言うのだ。

然《しか》るに世に智ありと称するほどの人は、大方《おほかた》智叟が心にて、愚公が山を移すやうの事を聞きては、その愚を笑ふほどに（=笑うので）、何事もその功を成就せぬなるべし。

〈口語訳〉それなのに世間で知恵があると言うような人は、大体智叟の考え方であって、愚公が山を移すような話を聞くと、その愚かさを笑うので、どんなこともうまく完成しないだろう。

賢明だと言われる人は、長時間かかるような仕事の仕方を馬鹿にするから、そういう仕事を完成させることはできない、というのが筆者の解説であり、主張だ。

然《しか》れば、世のいはゆる愚は反《かへ》つて智なり。世のいはゆる智は反つて愚なり。

〈口語訳〉そうであるから、世間が言う愚かさは逆に賢いのである。世間が言う賢さは逆に愚かである。

そして、最後に結論を言いきる。世間で言う賢愚の判断は逆《さか》さまである、と。

さて、問題文はほぼ理解できただろう。それでは、いよいよ問いを解こう。まず問一から。

問一、——①「その愚かさ」とあるが、どのような点が愚かなのか、説明せよ。

傍線部①の直後に、「かく大きなる山を、僅かなる人の力にて毀てばとて、毀ち尽くさるべきか」とその愚かさを笑ひ」と記されている。ここをそのまま答えに用いると、

解答 大きな山をわずかな人力で掘り崩せると思っている点。

というふうに作成できる。

次は問二だ。

問二、——②「愚公が心ならば、遅くも一たびは成就《じやうじゆ》すべし」とあるが、ここで述べられている内容に合うことわざを次から二つ選び、記号で答えよ。

ア、雨垂《あまだ》れ石を穿《うが》つ。

イ、能ある鷹《たか》は爪を隠す。

ウ、君子《くんし》危うきに近寄らず。

エ、塵《ちり》も積もれば山となる。

オ、愚者の百行より知者の居眠り。

カ、心ここに在らざれば、見れども見えず。

「愚公が心」は、愚公の精神、愚公の思考法ということだね。『こつこつと努力を重ねたなら、どんなことでも達成できる』というふうに解釈できる。

選択枝ア～カは格言で次のような意味だ。

アは「雨垂れが同じ所に落ち続けて、長い時間をかけて固い石に穴をあける」という意味から、「小さな力でも根気よく続ければ成就する」

という教訓として用いられる。「点滴、石を穿つ」とも言う。

　イは「有能な鷹は獲物を捕らえる鋭い爪を隠している」という意味から、「真に実力のある者は、むやみにその力を見せない」というたとえに用いる。

　ウは「君子は冒険せず、危険から遠ざかるようにする」という意味。「君子」は、人格の優れた人、品位のある人をいう。

　エは「ささいな物も積もり重なれば大きなものとなる」というたとえとして用いる。

　オは「愚かな人が多くのことを行っても、賢い人の居眠りにも及ばない」という解釈と、「愚かな人が多くのことを行っても、賢い人が居眠りしながら行うことにかなわない」という解釈がある。どちらにしても「つまらないものが多数あるよりも、わずかでも優れたものがある方がよい」ということのたとえとして用いる、

　カは「心がそれに集中していなければ、それに目を向けても見ていないのと同じだ」という意味で、「集中心がなければ物事の本質を見抜けない」という教訓としても用いる。

　正解はもちろん、ア・エの2つだよ。

解答　ア　エ

では、最後の問三だ。

> 問三、——③「世のいはゆる智は反《かえ》つて愚なり」とあるが、筆者がそのように述べる理由を説明せよ。

傍線部③の直前に「然るに世に智ありと称するほどの人は、大方智叟が心にて愚公が山を移すやうの事を聞きては、その愚を笑ふほどに、何事もその功を成就せぬなるべし」と記されているね。

世のいはゆる智

＝

世に智ありと称するほどの人

と見抜いてしまえば、

「大方智叟が心にて愚公が山を移すやうの事を聞きては、その愚を笑ふほどに、何事もその功を成就せぬなるべし」

の個所が解答を作成するのに役に立つとわかるだろう。

解答例

世間から賢明だと思われている人は、長い時間のかかる作業は初めから不可能だと決めつけて実行せず、結局大事業はできないから。

確かに、こつこつと努力を積み重ねることは大切だね。しかし、何事も行き過ぎはよくない。

例えば、高校受験の場合、勉強をこつこつやって、その積み重ねで学力が向上して合格したというのはいいことだ。

けれども、今年は受験して不首尾に終わったが、また来年受験だ、それも成功せずにまた再来年だ…というのは困るぞ。本人はよいかも知れないが、周囲の人は困惑、迷惑だろう。

まして、私は○○高校に不合格だったが、私の子どもに挑戦させる。それもダメだったら孫に実現させる。それもできなかったなら曾孫に…というのは、子孫の人生を拘束するのだから、とんでもないことだ。

　というのは、もちろん冗談にすぎない。この冗談を笑えるように、さあ、みんな、いよいよ試験日が近づいてきた。悔いのないように、勉強しようね。

戸板女子高等学校

21世紀型授業を推進する新生TOITAの教育

110年という長い歴史と伝統をもつ戸板女子高等学校が、いま、生まれ変わろうとしています。「ニュー戸板」は、ＩＴ環境の飛躍的な発展とグローバル化が加速する21世紀の社会において、時代の要請に応じた、グローバル時代に活躍できる人材を育成することをめざします。戸板女子高等学校の改革を推し進める教育監修理事・大橋清貴先生にお話しをうかがいました。

教育監修理事
大橋 清貴 先生

21世紀のグローバル社会が要請する人材を育成

「これまで、中等教育のほとんどが大学受験にフォーカスした教育を行ってきました。しかし、本校では、その先の、社会に出てから活躍する人材を育てたい」と大橋先生は言われます。

そのきっかけとなったのは、企業の人事課の方とのお話しにあったそうです。

「いまの子どもたちは、勉強ができても、英語や人前で話すこと、説得することが苦手だったりします。また、新しいことにチャレンジすることもあまり得意ではないとうかがいました。現在は、20世紀型の授業では、実際に企業が必要としている部分が欠けているのです。」

大学の4年間だけでは身につけることができないこうした能力を、高校時代で基礎を築き、資質を身につけることで社会で活躍できる人材に育てていこうとするのがニュー「戸板」です。

戸板女子が高校時代に育てる力として、これからのグローバル社会で必要とされる「問題解決力」と「情報共有力」の2つをあげ、さまざまな場面で、これらを涵養していきます。その柱となるのが21世紀型の授業である「相互通行型授業」です。

創造・発想する力を育てる「相互通行型授業」

「『相互通行型授業』とは、先生がひたすら板書して生徒がノートに写すというこれまでの一方通行型のものではなく、先生が生徒に問いかけ、生徒に考えさせる授業です。授業は、先生の発問から始まり、それに対して情報収集し、グループディスカッションが行われます。そこで答えが導き出されると、それをレポートにまとめ、最後にプレゼンテーションを行います。あらゆる教科で問いかけ続ける授業を行い、自ら考えることを常態化することで、知的好奇心を刺激し、創造する力、発想する力を育てていきます。これを本校の教育の柱にしました。」

こうして、ＩＱ（知能指数）よりＣＱ（好奇心指数）・ＰＱ（情熱指数）を高めていくのです。

この「相互通行型授業」は今年度より始まっており、その成果がすでに現れ、生徒が生き生き輝いています。

「これまで静かだった授業が、騒がしいと思えるくらい生徒たちは自分の意見を活発に言い合っています。また、集中力が持続するようになり、授業が短く感じるようになったという生徒もいます。」

実際に授業を行う先生方も、生徒のモチベーションや学力の向上など、新たな授業の形態に手応えを感じています。

新コースの設定でますます充実する教育環境

こうした戸板女子の新しい教育を実行するため、来年度より「スーパーイングリッシュコース」、「スーパーサイエンスコース」を新設し、「本科コース」と合わせて3コース制になります。

「スーパーイングリッシュコース」の特徴はイマージョン教育です。英語力に妥協のない戸板女子では、できるかぎり多くの科目を英語で学び、4技能（読む・書く・聴く・話す）をバランスよく身につけます。

また、このコースでは高2の夏休みに、アメリカの有名大学で短期留学を行います。大学の学生寮に宿泊し、授業やワークショップを行う語学研修に

参加します。そして高2では、全員が英検2級を、高3では、英検準1級、TOEFL550点を目標とします。

こうした多彩なプログラムを通して、多くの授業を英語で行う大学・学部、海外の大学などへの進学をめざします。

「スーパーサイエンスコース」は、近年増えている理系を志す女子生徒のためのコースです。サイエンスラボでの実験を重視した授業を展開し、研究者たる姿勢で学びます。高1で生物・化学・物理の基礎知識と実験技術を身につけ、高2から専門分野を追究し科学的思考力を高めます。自らの研究テーマを見つけ、高校3年間で大学の研究室にいるかのように集中して自分の研究を行うのです。

「理科が好きで理系を志望する生徒たちが、理科について遠慮なく話せるコースです。ネイチャーやパブメドなどの論文に触れ、サイエンスラボで3年間入り浸ってほしいです。」

こうして科学的リテラシーと自ら学び続ける自発的な学びの姿勢を身につけ、将来の夢が見つかり、最先端理系学部、医歯薬学部、獣医学部などへ合格する力を引き出していきます。

「本科コース」では文理を問わず、幅広い教養の習得をめざし、相互通行型学習を通して、自ら学ぶ姿勢を身につけていきます。

新生・戸板女子高等学校では、そのほか、個別復習型学習やICT環境を充実させるなど、さまざまな施策で、グローバル社会で活躍できる人材を育てていきます。

「本校には圧倒的な授業力があります。戸板で学んだ3年間で生徒たちは飛躍的な成長を遂げ、社会に出たときに、『戸板での3年間で成長した』と言われる学校にしていきます。日本で一番変化した学校になると思います」と大橋先生は自信を持たれます。

いま、旧態を廃し、新しく21世紀型の学校へと大きく舵をきった戸板女子高等学校に大きな注目が集まっています。

SCHOOL INFO

戸板女子高等学校

東京都世田谷区用賀2-16-1
東急田園都市線「用賀」徒歩5分
TEL　03-3707-5676
URL　http://www.toita.ed.jp/

学校説明会

11月 9 日（土）10:00～11:30
11月30日（土）10:00～11:30

オープンスクール（要予約）

11月23日（土・祝）9:30～12:00

学校見学会

10月 5 日（土）14:00～16:00
11月 9 日（土）14:00～16:00
12月 7 日（土）14:00～16:00
12月25日（水）10:00～12:30

戸板祭

10月26日・27日　10:00～15:00

この日のために新調したスニーカーの靴底のラバーが、キュッキュッと大きめの音を立てる。病院のリノリウムの床は、「お前は部外者だ」と私を受け入れることに難色を示しているかのようだ。履きつぶして黒ずんだスニーカーでは、病院でボランティアをするのには不衛生だし不都合だと思い、お小遣いをはたいて新調したのだが、どうやら失敗だったようだ。

先ほどから廊下を歩いていると、私の靴が立てる不快なゴムの摩擦音に患者さんたちが反応を示している。なにごとかと廊下へ顔を出す患者さん。あからさまに不快な顔を見せてすれ違う患者さん。私は、本当にすみませんと思いながら俯いて歩いていくことしかできない。

学院長に呼び出され、「私の知り合いのいる病院でボランティアをしなさい。」と命じられた。その言葉だけで、私と倉田紗希の2人がこの病院で3日間働くことが決まってしまった。私が朝礼で学院長の講話を中断させたことが、こんな事態を招いてしまったのだ。しかも貧血で倒れただけの紗希まで巻き込んでしまい、本当に面目が立たない。どうして紗希までがこんな思いをしなければならないのか納得できなかった。

しかし、紗希はボランティアに参加することが決まったとき、一言も私に文句を言わなかった。ただ微笑んで、「いいよ、一緒にやろう」とだけ言ってくれた。

学院長は学校の授業を休んで、このボランティア活動を行うように指示した。普通であれば学校の授業を休ませてまでこんなことをさせるなんて、あまりしないと思う。少しおかしい熱の入れようだ。

「机に座って授業を受けることよりも、もっと大きなことを学べるはず。あなたたちの目と耳と心が腐ってなければね。」

学院長はそう言って、この活動を最優先とするように私たちと担当の教諭に指示を出した。

さらに私たちには活動を心から全力で行うことを約束させ、病院側からの報告次第では（つまりはしっかりと働いていたとの評価が得られれば）きちんと学校に出席していたことにしてくれるという提案まで付け加えた。

「はい、じゃあここが更衣室だから着替えてね。」

案内をしてくれていた看護師さんが、そう言って私と紗希のぶんのナース服を出してくれた。

「このロッカー、使っていいから。」

「はい。」と私たちは返事をして、ナース服を受け取った。ナース服は、パンツスタイルのものだった。「短めのスカートで白いタイツみたいな格好をさせられたら、少し恥ずかしいからどうしよう」なんて考えていたけれど、そんな心配もいらなかったようだ。

「それから、あなた。」

「は、はい。」

宇津城センセの受験よもやま話

ある少女の手記⑤

宇津城 靖人先生

早稲田アカデミー　特化ブロック　ブロック長
兼 ExiV西日暮里校校長

「あなたのその靴はちょっと音が大きくて患者さんに迷惑だから、靴は必ず履き替えてくれるかしら。このサンダルが標準のものだから。」

「は、はい。すみません。」

　そう言って私は頭を下げるしかなかった。

「あ、あの。私たち、どんなお仕事をすればいいですか?」

　紗希が恐る恐る尋ねた。

「ああ、それはこのあと師長からご指示があるから。」

「ええ!? ○○市の市長さんがいらっしゃるんですか?」

　私も紗希も驚いて顔を見合わせた。

「ハハハ、違う違う。その『市長』じゃなくて『師長』。看護師長のこと。」

「ああ、そういうことですか。」

「いまは『婦長』って言わないのよ。看護師長とか看護課長とか、病院によっていろいろだけど。さ、着替えてちょうだい。」

「そうなんですね。」

　私と紗希はそう言ってビニール袋を破り、ナース服を取り出した。ナース服は独特の消毒薬の臭いがした。ツンと鼻をつく臭いが、病院の臭いと同じだと思った。私と紗希は素早く着替えた。

「じゃあ行きましょうか。」

「はい。」

「あ、それから言っておくけど、うちの師長はメチャメチャ厳しい人だから、失礼のないようにね。最初にきちんとあいさつすることを忘れないでね。」

「は、はい。気をつけます。」

　看護師さんは優しくアドバイスをしながら、私たちを師長室へと案内してくれた。師長室の前に来ると、若干緊張した面持ちで、看護師さんがノックをした。

「高中です! お忙しいところ失礼します! A学園の生徒さんたちが到着されたのでお連れしました!」

「はーい。じゃ、通してあげて。」

　なかから高圧的な野太い声が聞こえた。

「失礼します!」

　高中と名乗った看護師さんが扉を開けて、ビシッとあいさつをしてからなかに入った。私と紗希もそれを真似しなければと、ビシッとあいさつをした。

「し、失礼しますっ!!」

　師長室に入ると、大きなデスクが目に留まった。どこかで見たことのある高級感の漂うデスクだ。デスクの向こう側にはどっかりと腰をおろした学院長が…。

「が、学院長がなんでここにいるんですか!?」

　私は思わず尋ねてしまった。

「師長!? 学院長が!?」

　紗希も驚いて口に手を当てながらそう言った。

「ようこそいらっしゃいました。向井田さんと倉田さんだったわよね? 私は師長です。学院長ではありません。」

「ふざけてるんですか!?」

　私は思わず勢いこんで、デスクまで詰め寄ってしまった。

「まあ、落ち着きなさい。高中、もういいわよ。」

「はいっ! では、失礼します!」

　あっけにとられている私たちを残して、高中さんは師長室をあとにした。

「間違えるのも無理はないわね。私は、あなたたちの学院長の、双子の姉です。」

「双子!?」

「学院長は、双子だったの!?」

　学院長の双子の姉だと言い張る師長は、ゆっくりと立ち上がった。そうしてデスクから離れ、窓越しに病棟の外を眺めると、顔だけ振り返って言った。

「そうよ。聞いてなかったの?」

　さも当然であるかのように話をしたので、私も紗希も肩透かしを食ったようにストンと納得した。

「はい。聞いてませんでした。」

「びっくりしました。」

　私たちの反応を見て、師長は微笑んだ。そうしてデスクに戻ると、どっかりとイスに腰をおろした。

「あなたたちのことは、妹から頼まれました。」

　しぐさや表情は学院長と瓜ふたつだ。

「あなたたちには3日間、ここで働いていただきます。その前に、ここがどういうところか知ってもらう必要があるの。」

「向井田さん、ホスピスってどういうところか知ってる?」

　突然尋ねられた私は、ドギマギしてしまった。

「ホ、ホスピスですか?」

「えっと…、あの…、病院とは、違うんですか?」

「きちんと質問に答えなさい! 知っているか、いないかを聞いているのよ!」

　師長がいきなり怒鳴った。

「し、知りません!」

「そう。じゃあ、倉田さん、あなたは?」

「は、はい。し、知ってます。」

「そう。では、どんなところか説明してくれる?」

「は、はい。ホスピスとは、おもに末期がんなどの患者さんが、苦痛を和らげながら余生を過ごすための医療施設であると聞いたことがあります。」

「そうね、大体合っているわ。」

「この病棟はホスピス病棟なの。あなたたちには、末期のがんを患っている患者さんたちのケアやお手伝いをしてもらうわ。」

「末期がんの患者さんですか? 私たちにどんな治療ができるんですか?」

「向井田さん! あなたたちに医療行為をさせられるわけないでしょ!? 看護師の資格もないのに!」

「はい、そ、そうでした。すみません。」

「いいかしら。あなたたちがこれから3日間、担当する患者さんたちは、いま『自分の死』と向き合いながら生きている人たちなの。近い未来に自分が『死ぬ』ってことをわかっていながら生きるのが、どれだけ苦しいことか想像できる?」

　師長はそう言って立ち上がった。

国語 東大入試突破への現国の習慣

君たちは成長している。今日より明日へ道をひらこう！

田《た》中《なか》 利周《としかね》先生
早稲田アカデミー教務企画顧問

東京大学文学部卒。東京大学大学院人文科学研究科修士課程修了。文教委員会委員。現国や日本史などの受験参考書の著作も多数。早稲田アカデミー「東大100名合格プロジェクト」メンバー。

慇・懃・無・礼?! 今月のオトナの四字熟語「成長神話」

「神話」と聞くと、皆さんはどんなことを思い浮かべるでしょうか。「古代の神聖な物語とか？」「神様が出てくるお話でしょう？」そうですよね。一般的なイメージとしては、この世界がどのように成立したのかを説明する宗教的な物語＝創世神話のことが頭に浮かんできますよね。全知全能の神や圧倒的な力を持つ英雄が登場してくるようなオハナシです。

現代人である皆さんの目から見れば「科学的な説明とは言えない」ということになってしまい、古代人の作り話に過ぎないと認識されてしまいます。そのために「神話」と言えば「物語的なもの」「空想的なもの」もっと言うならば「荒唐無稽（こうとうむけい）なもの」を意味することにもなるのです。

現代に置き換えるなら、「マンガ」に近い意味合いになるのでしょうか。忍術を駆使した超人的なバトルを描いた作品とか、ありますよね。

けれども古代人にとっては、単なる空想ではなく紛れもない事実（信じうるに足る出来事）として考えられてきたのですよ。ここがマンガと違うところと言えるでしょうか。

このことから転じて、根拠もなく絶対的事実だと思われている事柄をたとえて「○○神話」と表現することがあります。

「安全神話」という言い回しを皆さんもテレビニュースなどで耳にしたことがあるのではないでしょうか。「絶対に安全です！」と繰り返し強調されていた施設が、あっさりと壊れてしまった…。想定外の出来事でした、と釈明したところで言い訳にもならないはずですが、誰もが「まさか本当に壊れることがあるなんて思いもしませんでした」と口をそろえてしまう。「安全」を単なる空想ではなく、紛れもない事実であると信じていたがゆえですよね。

「神話」とたとえられるのはこのためです。これが「マンガ」であれば、「安全マンガ」という言い回しとなり、こう言ってしまえば誰も「絶対に安全だ」なんて思いもしなかったでしょうにね。

さて今回取り上げた四字熟語は「成長神話」です。「成長神話の終わり」や「成長神話からの脱却」といったフレーズが盛んに使われているように、最近では「ずっと成長が続くなんて考えるのは間違いだ！」という論調が主流です。ここでいう「成長」とは、もちろん「経済成長」のことです。どこの国の政治も経済成長を最大の目標にしているのですが、結局それは幸福や満足とは結びつかないのではないか？　という批判がなされているのです。「経済成長は幸福を作りだすものではなく、不幸によって維持されるものなのだ」といったようにね。この逆説が理解できるならば、あなたの読解力は極めてハイレベル！　ですよ。

経済「成長」などと言わずに、経済「拡大」と言えば、神話的なニュアンスも薄れて実情に即したものになるのですが…。そこはやはり「成長」というマジックワードが鍵となっているのでしょう。「子どもの成長」という表現に典型的なように、誰もが望む肯定的な事柄を意味しているのが「成長」という言葉なのですから。皆さんも、先生に「お、随分と成長したな！　見直したよ」と声をかけられて、不愉快な思いをするなんてことはありえないでしょう？

日々の学習を続けていても、本当に学力が身についているのか…なかなか自分では確認できませんからね。思ったようにテストの点数が上がらないときには、なおさらです。「勉強の仕方が間違っているのだろうか？」「このまま続けても意味がないのでは…」、マイナスの思考が募ってしまいます。そんなときに、「間違いなく成長している！」と、客観的に指摘してもらえたら、どれほど勇気づけられるか。

教育の世界では「成長神話」は不滅だと思いますよ。昨日よりも今日の自分は前進している。今日よりも明日の自分は力をつけている。そう思えばこそ、継続して学習ができるのですから。経済「拡大」神話は、子どもの成長を願うポジティブな思いの流用に他ならないということです（笑）。

グレーゾーンに照準！
今月のオトナの言い回し
「無鉄砲」

「後のことを考えないで、思ったことをそのまますぐ行動にうつすこと」という意味の慣用表現になります。「無鉄砲」を文字通りに解釈するならば、「鉄砲も持たずに戦場に赴（おもむ）くこと」といった意味になりそうです。武田の騎馬隊と信長の鉄砲隊との対決の例を引くまでもなく、鉄砲の威力が証明された近代以降の戦争においては「無鉄砲」を実践するとなると…「常識外れ」と言いますか、まるで鉄砲隊に槍で突っ込んでいくような、そんな無謀なイメージが頭に浮かんでしまうのではないかと思いますが…違うんですよ（笑）。

そもそも「鉄砲」とは無関係なのです、この「無鉄砲」という表現。似た音の表記で「無鉄砲」となっただけで、もともとは「無点法」というのが正しいそうです。ここでいう「点」とは、漢文で書かれた文章を読みやすくするためにつけられる訓点のことです。つまり「無点」とは、この訓点をつけないことを意味します。そして、この訓点がないと漢文の正しい読み方ができずに、とんでもなく意味を取り違えてしまうケースがありえることから、「訓点なしで漢文を理解しようとするのは無謀である！」というところに由来する表現なのだそうです。

「そんな無鉄砲なことはしないで！」といった具合に、多くは、相手の行動に対する非難をこめた言い回しとして使います。「多くは」という留保をつけたということは、例外的に「自分自身の行動」に対して使うことがあるということではないか？　そんな風に穿（うが）った見方ができるようになってくると、皆さんのオトナ度も随分と上昇したと言えるでしょう。

自分自身に「無鉄砲」という評価を与える例ですが、「俺は無鉄砲な奴だぜ！」と、そんな使い方があるのでしょうか？　ありますよね、有名な例が。お笑い芸人が「俺は破天荒だぜ！」とキャラをつくっているのとは違いますよ（笑）。自分自身のことを「無鉄砲」だと宣言した、小説の主人公がいるでしょう！　そう、皆さんご存知、夏目漱石『坊ちゃん』ですね。

「親ゆずりの無鉄砲で、子どものときから損ばかりしている。」という書き出しは、あまりにも有名です。その「無鉄砲」の例として挙げられているのが…小学校の二階から飛び降りてみたり、自分の指をナイフで切ってみようとしたりと、確かに無茶な行動ばかりです。でも、自分のことを無鉄砲だという坊ちゃんを読者が憎めないのは、その行動には坊ちゃん本人にとってやむにやまれぬ事情があった、ということがあるからです。いずれも友達から「できないだろう」とからかわれて、売り言葉に買い言葉で「できる！」とこたえてしまい、後先考えずにやってしまったという経緯があるのです。

もちろん客観的に見れば何の理由づけもそこには見出せない事柄になりますが、当事者＝坊ちゃんの主観からすれば、そこに必然は存在する、ということになります。客観的な判断よりも主観的な価値が勝っているというワケです。

「無鉄砲だとは思いますが」と自分自身の行動を評してそう宣言する場合には、そんな本人の覚悟があるということです。客観的に見れば馬鹿げたことだと思われようとも、自らの行動には「それだけの価値があると信ずる」という主張がこめられているのです。どうですか？　皆さんもこの憎めない「無鉄砲キャラ」を演じてみてはいかがでしょうか。

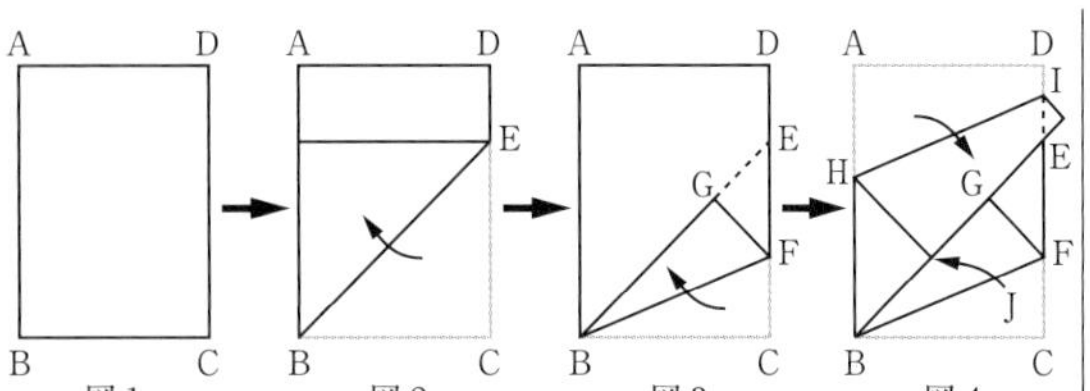

図1　図2　図3　図4

(1) AD=5cmのとき、線分EFの長さを求めなさい。

(2) △BJHの面積が2cm^{2}のとき、長方形ABCDの面積を求めなさい。

＜解き方＞

(1) 線分BEを折り目として折ったので∠EBC=45°で、かつ、∠BCE=90°だから、△BCEは直角二等辺三角形。よって、BE=$\sqrt{2}$BC=$5\sqrt{2}$

また、線分BFを折り目として折ったので

BG=BC=5

さらに、∠BGF=90°、かつ、∠BEC=45°より、△EGFは直角二等辺三角形。

よって、EF=$\sqrt{2}$GE=$\sqrt{2}$(BE−BG)=$\sqrt{2}(5\sqrt{2}-5)$=**$10-5\sqrt{2}$(cm)**

(2) 線分HIを折り目として折ったので、AH=JH

さらに、∠HJE=90°、かつ、∠HBJ=45°より、△BJHは直角二等辺三角形だから、HB=$\sqrt{2}$JH

JH=x(cm)とすると、△BJHの面積が2cm^{2}であることから、$\frac{1}{2}x^2=2$(ただし、$x>0$)が成り立つ。

これより、$x=2$

よって、AB=HB+AH=$2\sqrt{2}+2=2(\sqrt{2}+1)$

AB：BC=$\sqrt{2}$：1より、BC=$\sqrt{2}(\sqrt{2}+1)$

したがって、長方形ABCDの面積は、$2(\sqrt{2}+1)\times\sqrt{2}(\sqrt{2}+1)=2\sqrt{2}(\sqrt{2}+1)^2$=**$8+6\sqrt{2}$(cm^2)**

次は、三平方の定理と相似な図形の融合問題です。

問題2

右の図の四角形ABCDは、1辺の長さが6cmの正方形である。辺AB、BC、CD、DA上に、それぞれAE=BF=CG=DH=$x$cmとなるように点E、F、G、Hをとる。

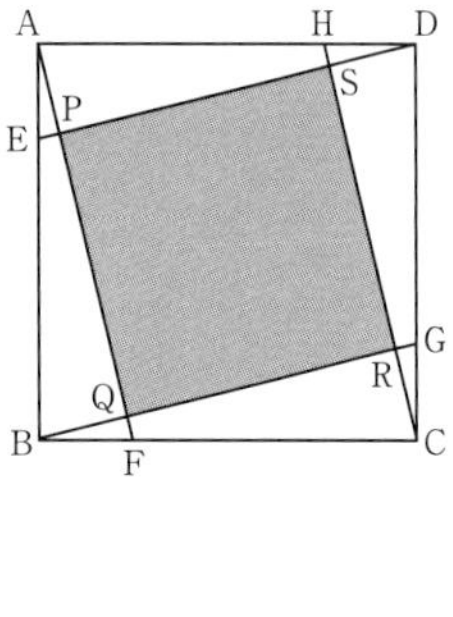

線分AFとDE、BGとの交点をそれぞれP、Qとし、線分CHとBG、DEとの交点をそれぞれR、Sとするとき、次の各問いに答えなさい。

（群馬県・一部略）

(1) AF^{2}をxの式で表しなさい。また、三角形AEPと三角形AFBの面積の比をxの式で表しなさい。

(2) 四角形PQRSの面積が四角形ABCDの面積の半分となるとき、

① 三角形ABQの面積を求めなさい。

② xの値を求めなさい。

＜考え方＞

「相似な図形の面積比は相似比の2乗に比例する」という性質を利用します

＜解き方＞

(1) △ABFにおいて三平方の定理より、

AF^2=AB^2+BF^2=$36+x^2$

△AEP∽△AFBだから、

△AEP：△AFB=AE^2：AF^2=**x^2：($36+x^2$)**

(2)① △ABQ、△BCR、△CDS、△DAPはすべて合同であり、これら4つの三角形の面積の和は四角形ABCDの面積の半分となるので、

△ABQ=$6^2\times\frac{1}{2}\times\frac{1}{4}=\mathbf{\frac{9}{2}}$(cm^2)

② △ABQ∽△BFQより、

△ABQ：△BFQ=AB^2：BF^2=36：x^2

よって①より、△BFQ=$\frac{9}{2}\times\frac{x^2}{36}=\frac{x^2}{8}$

ゆえに、△AFB=△ABQ+△BFQより、

$\frac{1}{2}\times6\times x=\frac{9}{2}+\frac{x^2}{8}$が成り立つ。

これを整理して、$x^2-24x+36=0$

これを解くと、$x=12\pm6\sqrt{3}$

$0<x<6$より、**$x=12-6\sqrt{3}$**

高校入試における図形の問題は上で見てきたように、三平方の定理を利用して線分の長さや面積を計算する問題が中心になっています。

複雑な計算が必要な問題も少なくありませんので、多くの問題を練習することで、正確な計算力を高め、図形の基本定理をしっかりと理解していきましょう。

WASE-ACA TEACHERS

今月は三平方の定理とその応用を学習します。

三平方の定理とは、右の図のように、直角三角形の斜辺の長さをcとし、その他の辺の長さをa、bとしたとき、

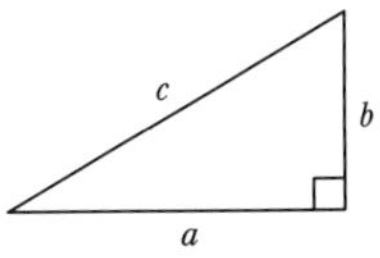

$a^2+b^2=c^2$（斜辺の長さの平方は、他の２辺の長さの平方の和と等しい）

という関係が成り立つことをいいます。この定理によって、辺の長さから図形の高さや対角線の長さを求めたり、座標平面上の２点間の距離を求めたりすることができるようになります。

三平方の定理の応用としては、次の特別な三角形に関する問題や相似な図形との複合問題などが多く出題されています。

特別な三角形（三角定規）

＊45°の角をもつ直角三角形（直角二等辺三角形）

⇔　辺の比は

1：1：$\sqrt{2}$

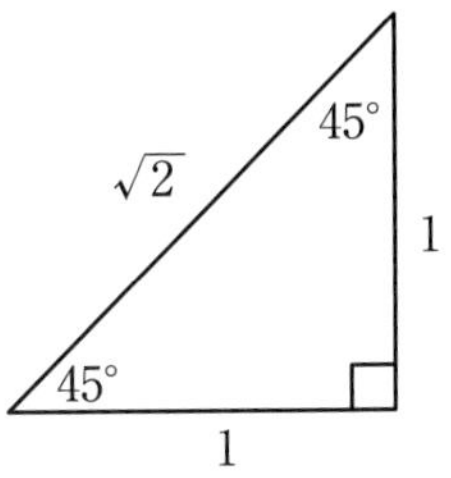

＊30°、60°の角をもつ直角三角形

⇔　辺の比は

1：2：$\sqrt{3}$

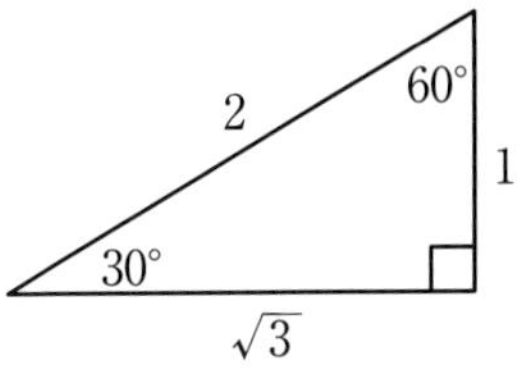

次の問題は、45°の角をもつ直角三角形（直角二等辺三角形）に関する問題です。

問題１

下の図１のような、縦と横の長さの比が$\sqrt{2}$：1の長方形ABCDを、次の①〜③のように折ります。

① 図２のように、辺BCが辺BAと重なるように折ったとき、折り目の線をBEとし、もとに戻します。

② 図３のように、線分CE上の点Fを通る線分BFを折り目として点Cが線分BE上に重なるように折り、点Cの移った点をGとします。

③ 図４のように、辺AB上に点H、線分DE上の点Ｉを通る線分HIを折り目として、辺ADが線分BEに重なるように折り、点Aの移った点をJとします。

このとき、次の各問に答えなさい。

（埼玉県・一部略）

数学　楽しみmath 数学！DX

三平方の定理と図形の複合問題に挑戦

登木 隆司先生

早稲田アカデミー　城北ブロック ブロック長
兼 池袋校校長

Three Little Pigs

だいぶ涼しくなってきましたね。いよいよ秋本番です。「○○の秋」。みなさんの○○に入る言葉はなんですか？

食欲の秋、読書の秋、勉強の秋…。受験生のみなさんは悔いの残らないように、集中して勉強に取り組んでください。ここで頑張ったことが、３カ月後の結果に反映されるはずです。そして中１・中２のみなさんは、受験勉強を頑張っている先輩をよく見ておいてください。次はみなさんの番ですよ。

さて、今回取りあげるのは、『Three Little Pigs（３匹の子豚）』です。この物語の出版は18世紀後半にさかのぼりますが、物語そのものはもっと古くから存在していたと考えられています。この民間伝承として語り継がれてきた物語は、1933年のウォルト・ディズニーによるアニメーション映画により有名になりました。３匹の子豚は自立するために、それぞれの家を建てることになりました。１番目の子豚はわらで家を建てましたが、悪い狼に吹き飛ばされ、食べられてしまいます。２番目の子豚は木で家を作りましたが、またもや狼に家を壊され、食べられてしまいます。さて、３番目の子豚の運命は…。という話です。みなさんも聞いたことがある話だと思いますので、機会があればぜひ英語の原作で読んでみてください。また、アニメ化されているので、興味のある方は、字幕なしで英語のまま見てみるのも勉強になりますよ。

今回学習するフレーズ

The third little pig met a man ①with a load of bricks, and said, "Please, man, ②give me those bricks ③to build a house with", ④so the man gave him the bricks, and he built his house with them.

全　訳

３番目の子豚は、レンガの山を持った男に出会った。「おじさん、そのレンガ、おいらにおくれ。おいら、家を建てるんだ」。男がレンガをくれたので、子豚はそれで家を建てた。

Grammar&Vocabulary	
① with	～を持った (ex) a coat with two pockets「２つポケットのついた上着」
② give A（人）B（物）	A（人）にB（物）を与える (ex) My father game me a new watch.「父は私に新しい時計をくれた。」
③ to ＋ 動詞の原形	～するために（不定詞の副詞的用法　目的） (ex) He ran to catch the train.「彼は電車に乗るために走った。」
④ ～, so …	～。だから…だ。（因果関係を表す接続詞） (ex) She said nothing, so her teacher got angry. 「彼女はなにも言わなかった。だから先生は怒ったのだ。」

英語　英語で読む名作

川村　宏一先生
早稲田アカデミー　教務部中学課　上席専門職

【訂正】2013年8月号の全訳で「ウサギが出発しようとやっと目を覚ますと」とありますが、正しくは「ウサギがハッとして目を覚ますと」の誤りでした。訂正してお詫びいたします。

Wings and Compass

未来へ翔く翼とコンパス

学校説明会

10/12(土)	14:00～15:30
10/26(土)	14:00～15:30
11/ 9(土)	14:00～15:30
11/16(土)	14:00～15:30
11/23(土・祝)	14:00～15:30
12/ 7(土)	14:00～15:30

全体会90分(予定)、その後に校内見学・
個別相談を受付順に行います。

個別相談会 ＜要予約＞

11/24(日)	9:00～15:00
12/22(日)	9:00～15:00

特待入試解説会 ＜要予約＞

11/30(土)　14:00～18:00
東京国際フォーラム HALL B7(有楽町)

予約が必要な行事は本校webサイト
http://www.sakuragaoka.ac.jp/にて
ご予約ください。
※学校見学は事前にご相談ください。

桜華祭(文化祭)

9/29(日)　9:00～15:00

クラブ体験会 ＜要予約＞

サッカー部

10/12(土)　16:30～18:00

野球部

10/ 5(土)	15:00～16:30
11/ 9(土)	16:00～17:30

桜丘高等学校

〒114-8554 東京都北区滝野川1-51-12　tel：03-3910-6161
http://www.sakuragaoka.ac.jp/
mail：info@sakuragaoka.ac.jp
@sakuragaokajshs
http://www.facebook.com/sakuragaokajshs

・JR京浜東北線・東京メトロ南北線「王子」駅下車徒歩7～8分
・「池袋」駅から都バス10分「滝野川二丁目」下車徒歩2分
・都営地下鉄三田線「西巣鴨」駅下車徒歩8分
・北区コミュニティバス「飛鳥山公園」下車徒歩5分
・都電荒川線「滝野川一丁目」駅下車徒歩2分

みんなの数学広場

問題編

TEXT BY かずはじめ

数学を子どもたちに、楽しく、わかりやすく、使ってもらえるように日夜研究している。好きな言葉は、"笑う門には福来る"。

初級〜上級までの各問題に生徒たちが答えています。どの生徒が正しい答えを言っているか当ててみよう。もちろん、当てずっぽうじゃなく、実際に問題を解いてみてね。

答えは次のページ

上級

太郎と花子が2人でババ抜きをします。

現時点で太郎はトランプを2枚持ち、花子は3枚持っています。

つまり、ババを持っているのは花子です。

これから太郎が引く番です。

太郎が勝つ確率は？

A

答えは…

$\frac{2}{3}$

太郎がババさえ引かなければ勝てるからね。

B

答えは…

$\frac{3}{4}$

太郎がババを引いても勝つことはありますよね。

C

答えは…

$\frac{4}{5}$

1回だけでは終わらないでしょう。

中級

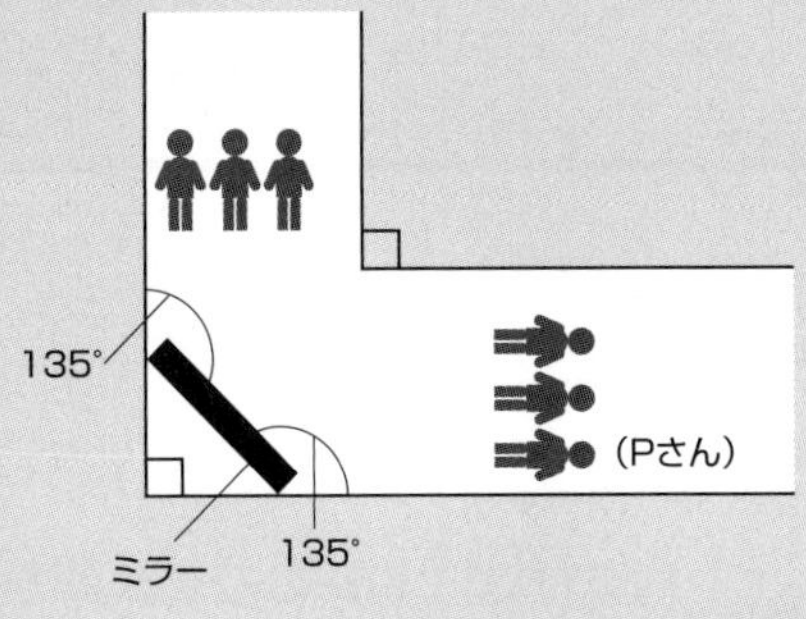

図のような 90°のＬ字の角の道があります。
角の双方から３人ずつ横並びに、ヒトが角に向かって歩いています。
特定のＰさんが角にあるミラーを見たときに写っているヒトの人数は何人ですか？

A

答えは…
5人
自分だけ見えないんじゃない?

B

答えは…
3人
3人なんだから3人だよ。

C

答えは…
6人
じつは全員写るのよ。

初級

数学者ジェームス・ジョセフ・シルベスターは
「○○は“感覚の数学”であり、数学は“理性の○○”である。」
と言いました。２つの○○には同じ科目が入ります。

A

答えは…
体育
身体は感覚で動かすものでしょ。

B

答えは…
美術
感覚と言えば美術でしょう。

C

答えは…
音楽
いやいや、音楽こそ感覚よ!

解答編

上級

正解は B

太郎が現時点で勝つ確率をPとおくと

（ｉ）　太郎が花子からババ以外の２枚のうちの１枚を引くと、太郎は勝ちます。
このときの確率は$\frac{2}{3}$

（ii）　太郎が花子からババを引く確立は$\frac{1}{3}$です。
このとき、太郎がトランプを３枚、花子がトランプを２枚持つことになり、最初の２人の立場は逆転しますから、太郎の勝つ確率は 1－Pとなります。

したがって、（ｉ）または（ii）のとき太郎が勝つので

$P=\frac{2}{3}+\frac{1}{3}\times(1-P)$

これを展開して　$P=\frac{2}{3}+\frac{1}{3}-\frac{1}{3}P$

$\frac{4}{3}P=1$

$P=\frac{3}{4}$

ちなみにこの問題は各回ごとの勝敗で無限回続くことを考えて解くと、高校数学の数学Ⅲの“無限等比級数”という分野になり、難しくなります。

太郎がババを引いたら?

何回かやったら
無限回になるよ。

中級

正解は **B**

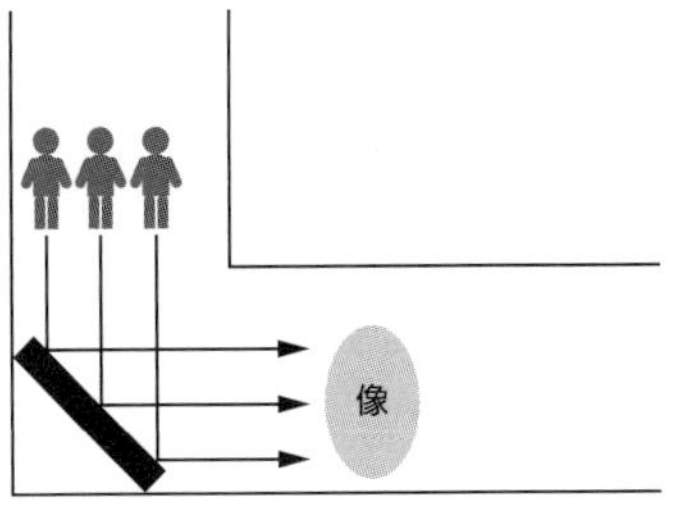

図のように、双方とも相手側に自分たちの像が写りますから、お互いに３人ずつしか写りません。

A

Pだけ見えないのはなぜ?

B

C

自分たちも写るってことはないでしょう。

初級

正解は **C**

イギリス人のジェームス・ジョセフ・シルベスターは幾何学を中心に研究した数学者です。

A

体育は感覚?

B

美術は惜しいけど、違うんだ。

C

渋谷教育学園幕張高等学校

〒261-0014 千葉市美浜区若葉１-３　TEL.043-271-1221（代）　http://www.shibumaku.jp/

輝いてほしい。
キミは希望の星だから!

先輩に聞け！
大学ナビゲーター

世界の奥深さ

首都大学東京
システムデザイン学部システムデザイン学科1年

佐《さ》野《の》 友優《ともまさ》さん

デザインについて あらゆる講義で幅広く学ぶ

――首都大学のシステムデザイン学部を受験したきっかけを教えてください。

「中学3年のときに、東京モーターショーでたくさんのコンセプトカーを見たんです。そこで見たある車が、発売時にほんの少しのパーツが足されただけで、モーターショーで見たときとがらりとイメージが変わっていたんです。ほんの少しのパーツだけでここまでイメージが変わるデザインの奥の深さを目の当たりにし、デザインについて学びたくなりました。

そして、デザインが学べる大学を探すなかで、首都圏にある国公立大学という自分の条件に合致するのが首都大学東京でした。」

――システムデザイン学部には5つのコースがありますが、どのコースに所属してい

【写真部での活動】

首都大の写真部で活動しています。各自で写真を撮り、年に3回ある展覧会で発表しています。フィルムカメラ、デジタルカメラなど、どのカメラを使うかは部員の自由で、私はフィルムカメラを使用して作品を撮影しています。部室に暗室が用意されているので、部室で現像もできて便利です。

【高校の部活にOBとして参加】

高校では陸上部に所属していたので、大学の写真部のほかに、高校の陸上部OBで構成されている団体にも所属しています。自分たちで練習をして大会に出たり、高校の部活に参加し、後輩の指導をすることもあります。夏休みに行われた陸上部の合宿にも参加し、後輩たちとともにいい汗を流しました。

首都大学東京の南大沢キャンパス

講義で先生が描いたお手本です

ますか。

「『インダストリアルアートコース』という、おもにデザインを学ぶコースに在籍しています。ほかには『経営システムデザインコース』というマネジメントを学べるコースや、ロボット作成を行う『ヒューマンメカトロニクスシステムコース』などがあります。システムデザイン学部のなかで、デザインについて詳しく学べるコースは、『インダストリアルアートコース』だけです。」

――どのような講義がありますか。

「『デザインマネジメント概論』では、インターネット動画を題材に講義が行われました。絵を描くだけではなく、インターネットを使った新しいデザインのあり方を学ぶことができました。

　このような座学の講義のほかに、実習形式の講義もあり、『ドローイング』という講義では、各自でものをデザインし、プレゼンを行いました。私は殻をあけるとパカっとレンズが出てくる仕組みの卵型カメラを考え出しました。

　後期はアニメーションの講義など、新しい講義も始まるのでいまから楽しみです。」

――大変な講義はありますか。

「講義の内容よりも、講義後に出される課題が大変です。ほとんどの講義で課題が出されますが、一番大変だったのは、『基礎造形』という講義の課題で、総勢210枚もの絵を描かなくてはならなかったことです。鉛筆だけではなく、定規の先に絵の具をつけて描いてみたり、布やアルミホイルで切り絵を作ったり、さまざまな工夫を凝らしながら課題を作成しました。課題は大変でしたが、新しい絵の描き方を学べてよい経験になりましたね。」

――これからのことについて教えてください。

「もともとは車のデザイン関係の道に進みたいと思っていましたが、大学で家電のデザインや、ウェブデザイン、グラフィックデザインなど、幅広い分野を学ぶうちに、さまざまな分野のデザインに興味を持つようになり、どの道に進もうか、とても迷うようになってしまいました。

　2年から3年に進むときに、『メディアアート』と『プロダクトデザイン』の2分野に分かれ、より専門的なことを学んでいくので、それまでにいろいろな講義を履修して、進路を決めていきたいです。

　そして、自分は将来どういう分野のデザインの仕事に携わっていきたいのか、これからゆっくり考えたいと思います。」

陸上の大会に出場した佐野さんと友人

モーターショーをきっかけに知ったデザインの

【得意な数学の取り組み方】

私は数学が得意だったので、数学の得点をより伸ばすために、次のような勉強方法を実践していました。

まず問題を解き、わからない問題が出てきたら答えを見ます。そして、ここからが重要です。答えは見てもいいので、どうしてこの答えになるのか、どうしてこの公式を使うのかということがすべて完璧にわかるまで、その問題に取り組み続けます。このとき、簡単に先生に聞いてはいけません。教科書や参考書は何冊でも開いてかまわないので、とにかく自分だけの力で黙々と考えることに意味があります。

　問題数を多くこなすより、こうして1問に時間をかけて解くことで、問題の仕組みが細かいところまでわかり、同時に自分の頭のなかも整理されていくので、似た問題にあたったとき、すらすら解けるようになります。

　あとはやはり授業をまじめに聞くことが大切です。授業をきちんと聞いて、授業中に理解して覚えると、勉強時間の短縮にもなりますし、効率もいいと思います。

【受験生へのメッセージ】

自分を最後まで信じてください。受験を控えているとどうしても弱気になりがちですが、気持ちで負けてしまうと、伸びるはずの成績も伸びなくなってしまいます。弱気な心を封じ込めて、強い気持ちで受験に臨んでください。

　そして、勉強はメリハリをつけることも大切です。勉強をしたくないな、というときは思いきって休みましょう。ずっと頭を使っていると頭のなかを整理する時間がなく、せっかく覚えたはずでも、混乱してしまうかもしれません。頭のなかを整理するためにも、リフレッシュは必要です。オンとオフの切り替えをうまく利用してください。

宝仙学園高等学校共学部

現代社会と世界に通じる教育『理数インター』

新しい学校だからこそできる、世界に羽ばたく理数インター

国公立・早稲田・慶応大 進学率都内19位!!

7年前にできた理数インターから1期生が卒業しました。40名募集だった同校の卒業生数は57名でした。主な大学合格状況は、医学部が3名、国公立が13名、早稲田・慶応・上智・東京理科大が30名、学習院・明治・立教・中央・法政・青山大が38名という状況でした。

これは国公立と早稲田・慶応大の進学者数と卒業生数を比べた「進学率」でいうと、都内国私立高校の中では19位にランキングされる結果だそうです（週刊朝日調べ）。合格学部を見ると理系への強さも見えますが、早稲田・慶応といった大学では60%が文系学部に合格しており、理系だけでなく文系学部への強さも見えてきます。

本校の教育の中には『世界に通じる教育』『現代社会が求める教育』『人として求められる教育』の三つを常に意識しています。

『世界に通じる教育』そして『現代社会が求める教育』の分野では、「プレゼンテーション能力の育成」と「コミュニケーション能力の育成」とを掲げています。その前提となるのが「理数的思考力」であり、本校の「理数インター」の語源ともなっています。この「プレゼンテーション能力の育成」のために、1月には英語によるプレゼンテーション大会を行っています。

プレゼンテーション能力

多くの学校がこの時期に英語のスピーチコンテストを行っている時期ではありますが、本校では敢えて「プレゼンテーション」にしています。単なる暗唱ではない、使える英語としての発表の機会でもあります。中学生は身近な話題が中心となりますが、高校生ともなると社会問題に迫る内容のものを発表しています。大人であれば見逃しそうな問題を、高校生ならではの視点で掘り下げていく発表内容には目を見張るものがあります。

また、本校には「総合探究」という時間があり、このプレゼンテーション能力を育むための授業があります。疑問→仮説→検証→考察→発表を、段階を踏んで研究とともにプレゼンテーション能力を磨いていきます。その集大成が高校2年生で行うアメリカのスタンフォード大学でのミニ留学（修学旅行）となります。

スタンフォード大学でのプレゼン体験と自然体験

スタンフォード大学は、タイムズ・ハイアー・エデュケーションによる世界ランキング第2位の学校であり（2011年）、その教育の質はつとに有名です（参考・東京大学30位・京都大学52位）。その大学の先生や学生を前にして英語によるプレゼンテーションを行います。当然英語での質問を受けるので、それに対して英語で返さなければなりません。自分の発表が世界に通用するのか、英語力は…、果たして英語が通じるということはどういうことなのか、観光やツアーとは異なる、初めて体験する第一線の『世界』を前にして、子ども達は成長していきます。

この修学旅行では、スタンフォード大学でのプレゼンテーションに加え、生徒中心の市内散策も行います。ある生徒は床屋に行って散髪をして来たり、あるグループはちょうど誕生日だった生徒の誕生日パーティーをやるためのグッズをスーパーで揃えたりする中で、現地の人々と教科書には出てこない会話を楽しんで来ました。日常から世界までを味わう8日間は、彼ら彼女らにとって、一生の想い出となることでしょう。

コミュニケーション能力

また「コミュニケーション能力」の基本は、相手を理解する能力と考えています。たとえ相手の意見に反

異文化体験①

ヨセミテ国立公園

異文化体験②

スタンフォード大学でのプレゼン

対であっても、相手が自分とは異なるその意見を持つということは理解できるというのがコミュニケーションの第一歩です。

そのような相互理解が人と人とを繋ぐことになり、本校「理数インター」の「インター」の部分を形成していってくれることでしょう。彼ら彼女らが、人と人とを、そして一人と世界への架け橋になってくれる教育を行っています。

一方で現代社会の要請ということでは「大学進学」は欠かせない要件でしょう。これまで述べてきた「真の学力」と大学進学を結びつけてこそ、現代社会のニーズに応えることになると思います。そして本校では、学力を上げるために様々なツールを持っています。

授業時間数が多いこともメリットの一つでしょう。授業の回数が多いから、1回1回の授業で扱う新単元の量は少なくてすみます。歴史の一時代を1時間で終わらせるカリキュラムと、3時間かけられるカリキュラムを比べた場合に、生徒の理解度・定着度に差が出ることはお分かりいただけると思います。

★1クラス30名のきめ細かな指導

理数インターには予備校並の進路指導があります。1人ひとりに最適な指導を行います。これができるのも、本校が少人数制クラスを設定しているからです。本当の意味で1人ひとりを見ることができています。

さらに個人ブースの自習室・チューター制度も完備しています。家での勉強は集中力が切れてしまったり、テレビなどの誘惑もあったりしますが、学校の自習室であれば周りの友人達も学習しているという雰囲気の中であれば集中力も続きます。あと一踏ん張りが効くのが学校の自習室の強みです。

また本校では、クラブ活動と学業との本当の意味での両立を図っています。思う存分クラブ活動を楽しみたいから、メリハリをきちんと付けた活動を行います。一方で陸上部は全国大会へ、水泳部・弓道部は関東大会へ出場するなどの実績も残しています。

宝仙学園中学・高等学校共学部
理数インター

★説明会
10月12日(土)14:30〜16:00
11月 3日(祝)10:30〜12:00
11月30日(土)10:30〜12:00
12月 7日(土)14:30〜16:00

★入試体験会・解説会・Point会
11月30日(土)14:30〜18:00入試体験会
12月22日(日) 9:00〜12:10入試体験解説会
1月11日(土)10:30〜12:00入試POINT会

★文化祭(宝仙祭)
10月26日(土)・27日(日)10:00〜15:00

〒164-8628 東京都中野区中央2-28-3
Tel.03-3371-7109

第44回 仏教から生まれた言葉［下］

仏教用語で、一般にも使われている言葉の続きだよ。

「行脚《あんぎゃ》」。歩いてあちこちに行くという意味なんだけど、本来は「僧が諸国を歩いて修業すること」をいうんだ。

「玄関」も元は仏教用語。「仏教を修めるためにくぐる関門」のことだよ。それがお寺の昇降口のことになり、さらに一般の家の入り口の意味になったんだ。意外だね。

「四苦八苦」は仏教では人生の「生老病死」の四つの苦と、それ以外のさまざまな苦のことをさすんだけど、いまは人生のあらゆる苦労のことをいうんだ。

「学校の宿題に塾の宿題、家の用事も言いつけられて、四苦八苦だ」なんてね。

「殺生《せっしょう》」。物騒な言葉だけど、生き物を殺すという意味だ。仏教には五戒、八戒、十戒など、やってはいけない戒《いまし》めがあるけど、そのどれにも入っている大事な戒めだ。一般では、そのままの意味でも使われるけど、「ひどい」「あんまりだ」の意味でも使われる。「夏休みなのに、休みなしで毎日、塾なんて殺生だ」という感じかな。

「道楽」は本来、「道を外して楽しむ」から出た言葉で、現在は本業以外の趣味などを楽しむことだ。「お父さんは釣りが道楽で、日曜日はいつも川に行く」なんて使う。

「平等」。仏教では区別のない等しい世界を「平等界」といい、善悪など区別をつけない見方のことを「平等観」という。そこから、一般に広まったんだ。

「方便」。仏教では人々を救うための方法のことをいうんだけど、一般に目的のために利用する都合のいい方法のことだ。「うそも方便」ということわざは、うそをつくこともときにはやむをえない、という意味だね。

「流転《るてん》」。物事が移り変わることだけど、仏教では「生死因果が絶えず変化して、極まりのないこと」だ。仏教では生死は繰り返して永久に続くという考えがある。それを「流転《るてん》輪廻《りんね》」という。

これ以外には「人間」「分別」「未《み》曾《ぞ》有《う》」「無尽蔵《むじんぞう》」「迷惑」「布団」なんかも元々は仏教用語なんだ。仏教が日本に伝来して1500年近く、多くの言葉が根づいているね。

城北

着実・勤勉・自主

学校説明会

■中学・高校同時開催

6月15日（土） 13:30～

■高等学校

10月12日（土） 13:30～

11月23日（土・祝） 13:30～

体育祭

9月14日（土） 8:30～

文化祭

9月28日（土） 9:00～

9月29日（日） 9:00～

※文化祭では受験相談コーナーを設けてあります。（相談コーナーは10:00～）

城北中学校・高等学校

〒174-8711 東京都板橋区東新町 2-28-1 TEL 03-3956-3157 FAX 03-3956-9779

ACCESS ■東武東上線「上板橋」南口 徒歩10分 ■東京メトロ有楽町線・副都心線「小竹向原」徒歩20分

www.johoku.ac.jp

ミステリーハンターQ（略してMQ）

米テキサス州出身。某有名エジプト学者の弟子。1980年代より気鋭の考古学者として注目されつつあるが本名はだれも知らない。日本の歴史について探る画期的な著書『歴史を堀る』の発刊準備を進めている。

春日 静

中学1年生。カバンのなかにはつねに、読みかけの歴史小説が入っている根っからの歴女。あこがれは坂本龍馬。特技は年号の暗記のための語呂合わせを作ること。好きな芸能人は福山雅治。

山本 勇

中学3年生。幼稚園のころにテレビの大河ドラマを見て、歴史にはまる。将来は大河ドラマに出たいと思っている。あこがれは織田信長。最近のマイブームは仏像鑑賞。好きな芸能人はみうらじゅん。

楽市・楽座

楽市・楽座は近世に実施された経済政策のこと。「座」を廃止し自由取引市場を作ることで経済を活性化させた。

勇 織田信長が楽市・楽座を始めたことで、経済が発展したって話を読んだんだけど、楽市・楽座ってなに?

MQ 平安時代の末期から室町時代後期までは、商工業者が寺社や公家の保護のもとに、「座」と呼ばれる同業者の組合を作っていて、それに加入していないと商売ができなかったんだ。

静 へえ、排他的だったのね。

MQ 「座」に加入している者だけが決められた場所で、物を売買することを許されていたんだ。そのかわり、「座」の人々は寺社や公家にさまざまな形の税を納めていたんだね。

勇 それをやめたのが楽市・楽座なの?

MQ そうだ。でも最初に楽市・楽座を始めたのは織田信長ではないんだ。1549年（天文18年）、近江の戦国大名、六角定頼《ろっかくさだより》が、城下町に楽市令を出して、だれでも、どこでも商売ができるようにしたのが始まりだとされている。

静 楽座は?

MQ それは織田信長の家臣、柴田勝家が1576年（天正4年）、いまの福井市である越前の北の庄で「座」を廃止したのが最初とされている。

勇 戦国大名たちはどうして楽市・楽座の政策をとったの?

MQ 自分の領地の経済活動を活発にすることで、他の大名に勝る経済力、軍事力を蓄えようとしたんだ。また、城下町での支配権を確立するという目的もあった。

静 織田信長もそうなの?

MQ 信長が安土城下に1577年（天正5年）に出した楽市・楽座の法令は有名だね。これによって、近隣の商工業者が安土に集まり、経済交流が活発になり、信長の経済基盤がいっそう強固になったといえる。信長は自分の領地だけでなく、自分の支配下にあった大名にも楽市・楽座を実施するように通達を出したんだ。この結果、ほかの多くの大名も楽市・楽座の方針をとるようになったんだ。

勇 でも、商工業者から税を取っていた寺社や公家は困ったんじゃない?

MQ その通り。寺社は経済的に困窮し、公家の支配力もなくなってしまった。信長の死後、豊臣秀吉は、さらに徹底させ、中世までの「座」は崩壊し、城下町ごとの新たな商工業組合ができていくことになる。

先生と生徒の鼓動が響きあう、木もれ日の学園

東京立正の説明会日程

10月 6 日(日) 10:00~ 説明会 in 学園祭

10月26日(土) 14:00~ 生徒・保護者による学校案内

11月 9 日(土) 14:00~ 部活動・制服&個別相談

11月23日(祝) 14:00~ 面接対策&個別相談

11月30日(土) 14:00~ 一般入試対策&個別相談

12月 7 日(土) 14:00~ 入試総まとめ&個別相談

紫苑祭（学園祭）

10月 5 日(土) 12:30~16:00

10月 6 日(日) 9:00~16:00

合唱コンクール

11月30日(土)

（ご希望の方はご連絡下さい）

吹奏楽定期演奏会

12月25日(水)練馬文化センターにて

（ご希望の方はご連絡下さい）

学校法人　堀之内学園

東京立正高等学校

〒166-0013　東京都杉並区堀ノ内2-41-15

TEL　03-3312-1111　FAX　03-3312-1620

e-mail　tokyorissho@msd.biglobe.ne.jp

HP　http://www.tokyorissho.ed.jp/

教えてマナビー先生!

世界の先端技術

見えないヘルメット

自転車に乗る人を守るオシャレで安全な新型ヘルメットが完成

プロフィール

日本の某大学院を卒業後海外で研究者として働いていたが、和食が恋しくなり帰国。しかし科学に関する本を読んでいると食事をすることすら忘れてしまうという、自他ともに認める“科学オタク”。

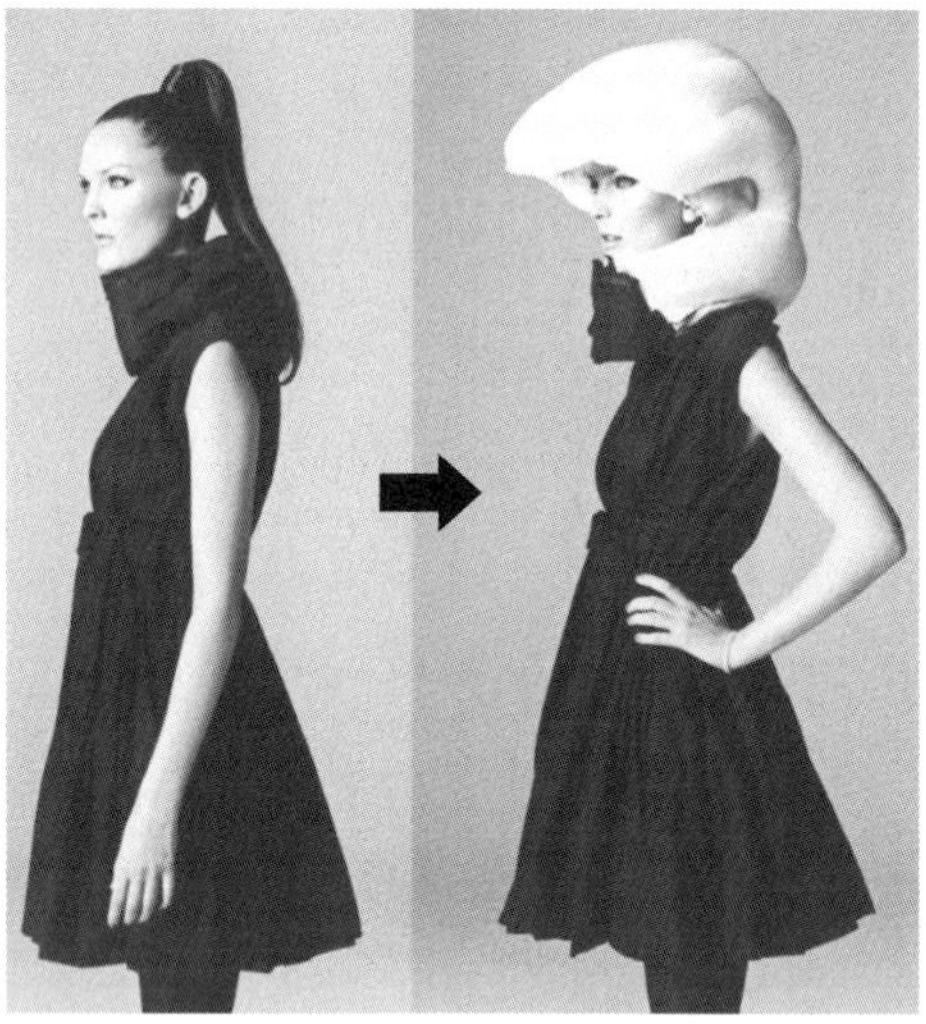

自転車から投げ出されると、マフラーが一瞬でふくらみ写真右のようなヘルメットになる「見えないヘルメット」

自転車に乗るのは楽しいよね。今回ご紹介するのは自転車用の「見えないヘルメット」だ。どういう意味だろうね?

君はいつごろから自転車に乗れるようになったかな。最初はフラフラして倒れてばかりだったのに、急にバランスが取れるようになって、長い間走ることができるようになったのを覚えているかな。お父さん、お母さんにも助けてもらったよね。

楽しい自転車だけど問題も多い。自動車なら事故に遭った時、いろいろな装置で人を守ってくれるけれど、自転車やオートバイは基本的には守ってくれるものがなにもついていない。事故も多く、大きな事故になりやすい。唯一、頭の部分を守ってくれるものがヘルメットだ。

一般のヘルメットは頭を守るために、固い金属やプラスチックでできている。重さもあり、頭を覆ってしまうため着け心地もよくない。もっと気楽につけることができ、かっこいいヘルメットをつくることができないかと、2人の若いスウェーデンの女性が挑戦したんだ。「そんなものができたら億万長者になれるよ」と大学の教授に笑われながらスタントマンを使って自転車での事故のデータを取り続け、研究を続けた。

たどり着いたのはマフラーのような形のものだ。サイクリングに出かけるときは首に巻いておく。重さも700gと軽い。事故が起こるとセンサーが加速度の変化をとらえ、エアーバッグが一瞬のうちに膨らんでヘルメットのよう形になり、頭を守ってくれる。

着けていても、普段はとてもヘルメットには見えないから、「見えないヘルメット」と呼ばれている。デザインも服装に合わせていろいろなものが選べる。

センサーは電池で動作する。充電が完了すると1日に30分程度のサイクリングを楽しむ人で6週間使うことができるそうだ。まさに、おしゃれで使いやすいヘルメットがついに完成したわけだ。

こんなヘルメットで頭を守りながら、マナーを守って、安全にサイクリングを楽しみたいね。

あたまをよくする健康

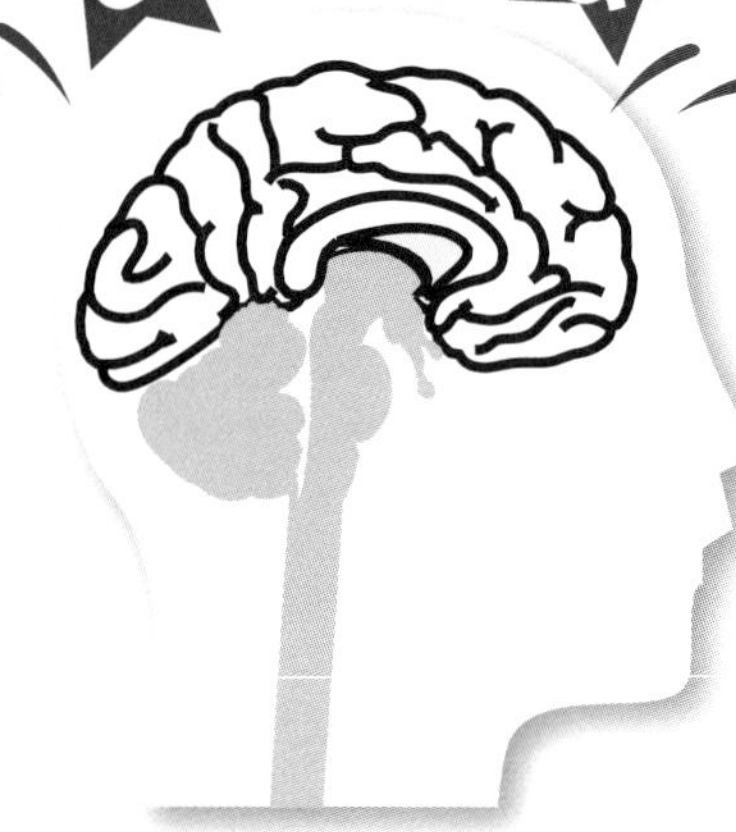

ナースであり
ママであり
いつも元気な
FUMIYOが
みなさんを
元気にします！

by FUMIYO

今月のテーマ

身体のだるさ

ハロー！　FUMIYOです。だいぶ過ごしやすい季節になってきましたね。この季節は“食欲の秋”“読書の秋”“スポーツの秋”などといわれ、色々なことをするのにとてもよい季節です。

そんな過ごしやすい季節になっても夏の疲れがまだ残っていて、身体がだるいと感じている人はいませんか？

寝不足が続いたり、心配なことや不安なことがあって調子が悪くなると、だるさを感じることがあります。そのうち治るだろうと気楽に構えている人も多いと思いますが、なかには病気が隠れていることも…。

いままでに、立っているとすぐに座りたくなったり、朝起きようとしてもなかなか起きられないということを経験したことはありませんか？　「寝不足で調子が出なくて」というように、原因がはっきりしている場合は心配ありません。とにかく寝ましょう！

しかし、もしこのような症状が長く続くときは、一度病院で診てもらうとよいでしょう。「起立性調節障害」という病気が隠れている可能性があります。

この病気の原因として、自律神経とホルモンが関わっています。急激な身体発育により自律神経の働きがアンバランスになった状態で起こるため、思春期によく見られる自律神経失調症のひとつだといわれています。座った状態や寝ている状態から立った際に、下半身の血管が収縮せず、上半身の心臓や脳に血液を送ることができないため、さまざまな症状を引き起こしてしまいます。

「起立性調節障害」の主な症状は、

①立ちくらみ、めまい
②起立時の気分不良や失神
③動悸や息切れ
④朝なかなか起きられず、午前中調子が悪い
⑤顔色が青白い
⑥食欲不振　⑦腹痛　⑧倦怠感　⑨頭痛　⑩乗り物酔い
などです。

この病気は、なかなか周りの人に気づいてもらうことが難しく、1人で悩み、さらにストレスを感じてしまうことが多いです。自分でコントロールできるものではないので、周囲の人の心身のサポートが必要となりますが、お家の方にしてみると「だらしがない！」「もう少ししっかりしなさい！」と、つい注意したくなってしまいがちです。

「身体のだるさ」は一時的に調子が悪いだけですぐに回復しそうなのか、じつは病気が潜んでいて病院に行った方がよいのか、見極めが難しいところがあります。おかしいと思ったときは一度病院で診てもらいましょう。

Q1　起立性調節障害は、思春期に起こりやすいですが、どのくらいの割合でみられるでしょう。

①5～10%　②15～20%　③25～30%

正解は、①の5～10%です。
小学校高学年から中学生に多くみられます。思春期に起こる病気は家族に相談しにくいかもしれませんが、体調の悪いときはすぐに相談しましょう。

Q2　座った姿勢から立ったときの立ちくらみを防ぐ方法で、有効な方法はどれでしょう。

①激しい運動をする　②暑い場所で過ごす
③ゆっくり立ちあがる

正解は、③のゆっくり立ちあがるです。
足に下がった血液を心臓に戻すため、ゆっくり動いて血管を収縮させることが大切です。また、体内の血液循環をよくする適度な運動は効果的です。

能力を活かして、実力をつける。

一人ひとりの夢や希望を
実現するために、
「質」の高い授業と
充実した学校生活を通して、
確かな「実力」を育てていきます。

◆個性を活かす4コース　◆年々伸びる大学合格実績　◆全国レベルを誇るクラブ活動

〈4 コース制〉■文理特進コース　■文理進学コース　■文理普通コース　■芸術コース（音楽専攻／美術専攻）

●学校説明会は、本校 HP にて完全予約制です。●詳しい学校紹介は、HP 又は学校案内をご覧ください。

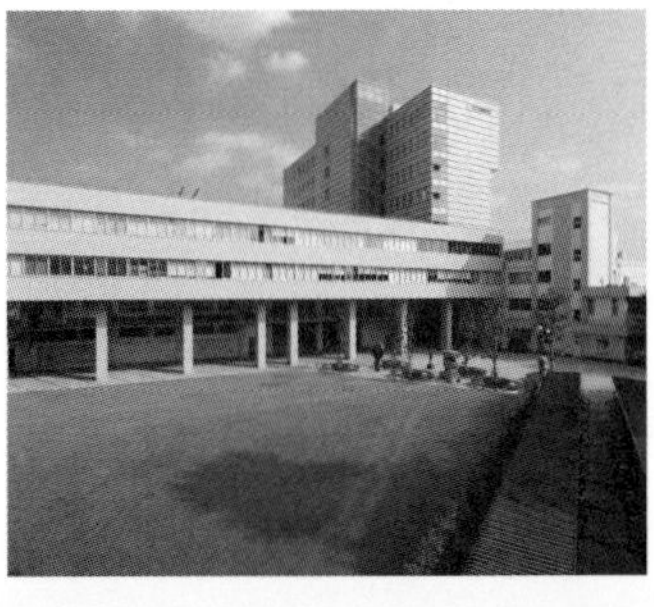

八王子学園
八王子高等学校
Hachioji Senior High School

〒193-0931 東京都八王子市台町4-35-1 Tel.042-623-3461（代）
URL http://www.hachioji.ed.jp　携帯 http://www.hachioji.ed.jp/m

JR 中央線［西八王子駅］から徒歩5分

年々伸びる大学合格実績

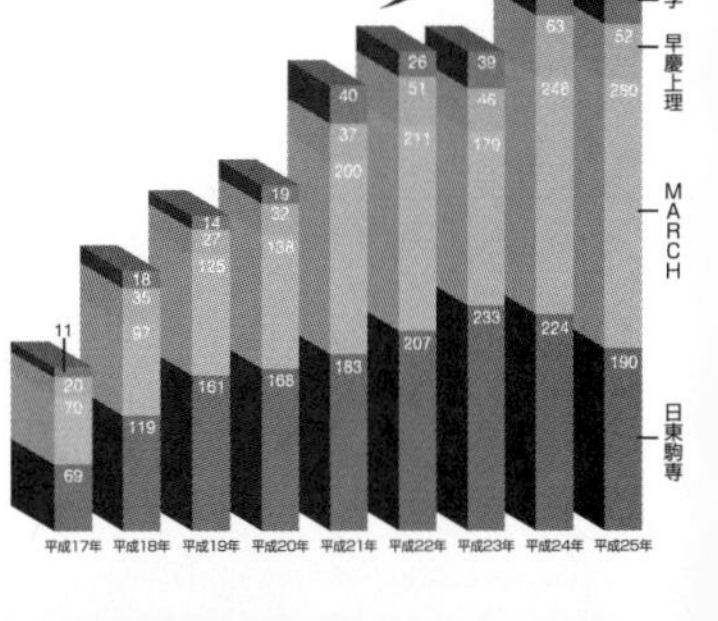

Success News

ニュースを入手しろ!!

サクニュー!!

産経新聞編集委員
大野 敏明

▶PHOTO　参院本会議で共通番号制度の関連法案の趣旨説明をする甘利明経済財政担当相（手前）。奥は安倍晋三首相。時事　撮影日：2013-05-10

今月のキーワード
マイナンバー制度

国民1人ひとりに番号をつけるマイナンバー法（共通番号制度関連法）が今年、2013年5月の国会で成立し、2016年1月から実施されることになりました。

現在、国民には健康保険番号、介護保険番号、年金番号など、最高で90種類もの番号が国や自治体からつけられています。しかし、それらはバラバラに運用されています。マイナンバー制度は、国民に12ケタの番号をつけ、最終的にはそれらを統一しようというものです。

海外ではアメリカ、ドイツ、フランス、イタリア、シンガポール、韓国など多くの国で実施されており、先進国で実施されていないのは日本ぐらいのものでした。

実施されれば、個人の保険番号や納税情報を一元的に管理できるようになるとともに、行政上の手続きが簡素化され、さらには経費の節減にも寄与すると考えられています。

例えば、年金をもらうには住民票や税務署での証明書などを別々にもらわなくてはなりませんでしたが、そうした手続きが簡素化されます。

とくに政府が導入を決めた納税者番号が実施されると、架空名義口座や二重帳簿などの不正行為がしにくくなり、脱税などの犯罪が大幅に減る可能性が高いといわれています。脱税が減れば、国の歳入も増加します。

しかし、反対したり、不安を訴える人もいます。その大きな理由は、個人情報が国家によって管理されることで、プライバシーが侵されるのではないか、というものです。

このため、政府は情報を扱う職員の守秘義務を徹底したり、違反者には厳罰を科すなどの対策をとることにしています。

また、情報が犯罪者などに渡って、悪用されることも懸念されるので、信頼性の高いデータの防御システムを構築することなどが求められています。

政府としては、当初は社会保障、税務、災害対策の分野に限って運用することにしていますが、将来的にはあらゆる情報の一元化をめざしています。

実施から3年後には、利用範囲の拡大を検討することになっています。

2015年10月には、全国民にマイナンバー（番号）が通知され、2016年1月から、希望者に顔写真付きのＩＣカードが交付され、マイナンバー制度の運用が開始されることになっています。

2年後には、みなさんの手元にもマイナンバーが届くのです。

3年間で、4年分伸びる

4ターム制+伸学システムで未来を拓く

特進コース　目標 / 国公立・難関私大
選抜コース　目標 / GMARCH
進学コース　目標 / 中堅上位私大

■平成 25 年春 大学合格実績■
国公立大　6 名、早慶上理　8 名
GMARCH 11 名、日東駒専 35 名
成成明学獨国武 19 名

学校説明会

9月28日(土)14:00～　12月 7日(土)14:00～
10月26日(土)14:00～　12月21日(土)14:00～
11月 9日(土) 9:30～　1月13日(祝)10:00～
＊11月9日のみ予約

個別相談会（要予約）

10月14日(祝) 9:00～　12月 1日(日) 9:00～
11月 4日(月振) 9:00～　12月22日(日) 9:00～
11月 9日(土)12:00～　12月23日(祝) 9:00～
11月23日(祝) 9:00～

学校見学（要予約）

＊見学の時間は予約の際に確認
＊12月 2日～14日 放課後個別相談会
15:30～17:30 （7日は除く）
12月24日～27日 個別相談会
9:00～13:00

4ターム制で未来を拓く
h
豊南はあなたを応援します
HONAN

豊南《ほうなん》高等学校

〒171-0042 東京都豊島区高松3-6-7　TEL 03-3959-5511（代表） 03-5926-0031（広報直通）
※東京メトロ 有楽町線・副都心線「千川駅」2番出口より徒歩10分

サクセス書評

目標を持てばポジティブになれる
80歳でエベレストにだって登れる！

『私はなぜ80歳でエベレストを目指すのか』

今年の5月23日に、世界最高齢となる80歳でのエベレスト登頂に成功した、プロスキーヤー・冒険家の三浦雄一郎さんのニュースを見た人もいるんじゃないだろうか。

エベレストと言えば、標高8848mの世界で一番高い山として有名だ。当然登るのは簡単ではなく、世界的に有名な登山家でも命を落とすことがあるほど。そんな危険な場所に80歳にして挑戦した三浦さんは、世界でも名を知られたプロスキーヤーとして活躍してきた人だ。

しかし、70歳、75歳のときに引き続き、80歳での3度目のエベレスト登頂をめざしたときには、心臓の手術が必要だったり、不整脈に苦しんだりと、エベレストどころか、家の階段を登り降りするところからのスタートだった。

今回紹介する本には、危険もかえりみず、なぜ80歳にして3度目のエベレスト登頂を決めたのか、そして、目標を持つことで人はどう変わることができるのかが、三浦さん自身の幼少期からの経験や具体的なエピソードを交えて書かれている。

「いや、それは三浦さんがすごいだけで、自分にはできないし」と言うなかれ。三浦さんは、どんなことでもエベレスト登頂に負けない目標になりえるし、「そこに他人の目から見てすごいとかすごくないとか、誰かと比べてどちらがより価値が高いかといった比較など、存在し」ないと言う。「目標を持つのも、達成するのも、究極的には自分だけの生き方だから」だ。

ただ、ひたすらに「目標を持とう」と言われても、それが苦手だったり、そもそもなにをめざせばいいかわからない人もいるだろう。そういう人にも三浦さんは、「読んだことのない本を開く」など、簡単にできることから始めればいいと語る。そうして、目標を立て、それをクリアする「自己新記録」達成のクセをつけていこうというのだ。みんなも中3になれば、高校受験という大きな目標が出てくることだろう。この本には、そこにどう向かっていけばいいのかというヒントがたくさん詰まっている。

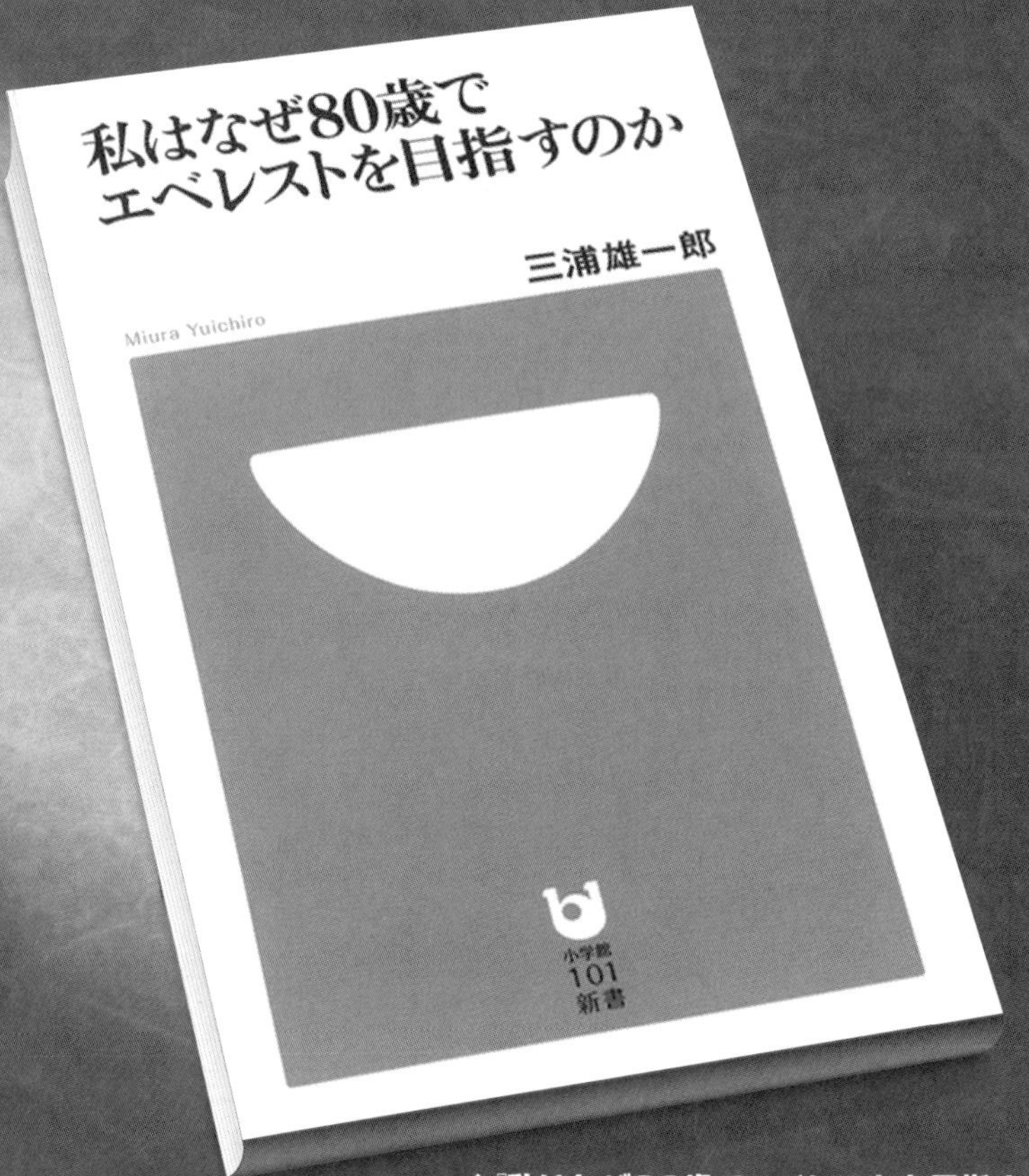

◆『私はなぜ80歳でエベレストを目指すのか』

著／三浦 雄一郎
刊行／小学館
価格／700円＋税

COUGARS
HOZEN

不思議で楽しい魔法の世界

オズの魔法使

1939年/アメリカ/メトロ・ゴールドウィン・メイヤー/監督:ヴィクター・フレミング/

「オズの魔法使 特別版」DVD発売中
1,500円(税込)
発売元:ワーナーホームビデオ

魔法の国を旅するミュージカル映画

原作はライマン・フランク・ボームの児童文学です。1900年当時、革命的なアイデアであったこのカラー図版の絵本は、魔法使いの登場するファンタスティックなストーリーと合わせて子どもたちの心をつかみ、大ベストセラーとなりました。

1939年に映画化され話題をよんだ本作でも、カラー映像が効果的に使われました。少女ドロシーのカンザスでの現実社会を描いたストーリーをモノクロで展開し、竜巻に巻き込まれオズの魔法の世界に引き込まれてからをカラー映像で描いたのです。

モノクロの画面から突然、色鮮やかな映像に切り替わる魔法の国の華やかで魅力的なこと！　歌と踊りを盛り込んだミュージカル調で展開され、登場人物がそれぞれ生きいきと描かれています。

なかでもこの映画を世界的に有名にしたのは、ドロシーが歌う「Over The Rainbow（虹の彼方に）」です。毎日の生活に不満を持っているドロシーが、虹の向こうにある自由の国への夢を描いて歌うこの曲は、いまなお歌い継がれるスタンダードナンバーとなっています。

スターダスト

2007年/アメリカ・イギリス/パラマウント/監督:マシュー・ヴォーン/

「スターダスト　スペシャル・コレクターズ・エディション」DVD発売中
1,500円(税込)
発売元:パラマウント ジャパン

スターダストはだれの手に？

ヴィクトリア朝時代のイギリス、郊外の村にある壁の向こうには、魔法の国・妖精国が広がっていました。本作は、妖精国の国王が死に際に放った「星のかけら」（＝スターダスト）をめぐって繰り広げられる騒動を描いたファンタジー映画です。

スターダストは、国王の息子たちにとっては王位継承権の証であり、魔女たちにとっては永遠の美のシンボル。さらに、人間たちの暮らす世界から壁を越えてやってきた青年トリスタンは、片思いの女性へプレゼントするために、このスターダストを探しにいきます。

国王の息子たちの虚偽と裏切り。老いた魔女たちの美への執着心。トリスタンの真実を追求する冒険心。スターダストを探すそれぞれの旅路が、三者三様のストーリーで描かれています。

クライマックスは、手に汗握る壮絶な展開に。果たしてスターダストを最後に手にするのはだれなのでしょうか。そして、青年トリスタンの正体は？

原作はイギリスの人気作家ニール・ゲイマンの小説です。

魔法使いの弟子

2010年/アメリカ/ウォルト・ディズニー・スタジオ/監督:ジョン・タートルトーブ/

「魔法使いの弟子」Blu-ray発売中
2,500円(税込)
発売元:ウォルト・ディズニー・スタジオ・ジャパン

ニューヨークで魔法戦争が勃発！

現代のニューヨークを舞台に、魔法使いの戦いを迫力満点に描いた「魔法使いの弟子」は、アクションあり、ラブストーリーありのエンターテイメント性満載の一作です。

知られざる人間界の裏側では、史上最悪の魔女モルガナと、偉大なる魔法使いマーリンの戦いが、1000年のときを経て、いまなお引き継がれていました。

魔女モルガナを唯一倒せるのは、いまは亡きマーリンの子孫のみ。マーリンの弟子であるバルサザールは、長い旅の末、マーリンの子孫・デイヴをニューヨークで発見し、強引に彼を弟子にします。物理好きの気弱な大学生のデイブは、突然の出来事に混乱しますが、魔女モルガナによる地球規模の破滅を阻止するために、ついに戦いに挑む決意をします。

想定外の出来事を次々に起こす魔術を使っての戦闘シーンは大迫力です。バルサザールがデイヴに「魔術の原理」を話すシーンでは、魔術を物理と関連付けて説明します。魔術が単なる夢や空想の力ではないことを訴えることで、ストーリーにリアリティが生まれています。

明治大学付属中野高等学校

NAKANO JUNIOR AND SENIOR HIGH SCHOOL ATTACHED TO MEIJI UNIVERSITY

質実剛毅　　協同自治

＜平成 25 年度　説明会・公開行事日程＞

文化祭	9 月 21 日(土)　9：30 ～ 16：00 9 月 22 日(日)　9：30 ～ 14：00
説明会	10 月 12 日(土)　14：00
	11 月 17 日(日)　10：00

※　文化祭・説明会共、事前の申込み、及び上履きは必要ありません。

〒164-0003　東京都中野区東中野3-3-4

TEL.03-3362-8704

http://www.nakanogakuen.ac.jp/

JR中央・総武線／東中野駅から…[徒歩5分]　都営地下鉄大江戸線／東中野駅から…[徒歩5分]　東京メトロ東西線落合駅から…[徒歩1

高校受験 ここが知りたいQ&A

Q ケアレスミスをなくすには どうしたらいいですか。

とくにテストでのことですが、小さなミスが絶えません。それで点にならないことが多くあり、先生や親から「ケアレスミスをなくすように」と言われています。どうしたらミスは減りますか。

（武蔵野市・中3・TH）

A 焦る気持ちがあっても 注意深く解き進めましょう

ケアレスミスとは、ちょっとした注意力不足が原因で誤ってしまうことをさします。問題文の指示を読み間違えたり、正しい答えを導き出せたのに最終的に解答欄に書き込む際に誤った答えになってしまうというようなことがあげられるでしょう。

だれしも人間ですから、ついうっかりミスをすることはあります。それは仕方がないとも言えますが、入学試験などでは、こうした小さなミスでの失点による1点、2点が合格と不合格を分けてしまいます。

このケアレスミスの防ぎ方ですが、基本的には、問題を読み、考え、解いていくという過程のいずれの場面でも注意深く確認しながら進める癖をつけることです。「こんなこと当然」と思われることでも、1つひとつ確かめながら問題を解きましょう。

また、意外に多いのが、数学などで問題を解いていく途中での計算や式の自分の書いた数字を見間違ってしまう例です。6と8、1と7などを混同して、考え方は正しいのに最終解答が誤りとなってしまう場合です。制限時間があるので焦る気持ちは理解できますが、計算式や数字は丁寧に書くようにした方が結果的にプラスなのです。問題をよく読むこと、丁寧に細部にも気を配って取り組むことがケアレスミス防止の最善策だと思います。

教えてほしい質問があれば、ぜひ編集部までお送りください。連絡先は112ページをご覧ください。

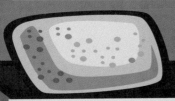

世界の星を育てます

エクストラスタディで応用力養成・弱点克服します。
また、英語の多読多聴を導入し英語の力を伸ばしています。

学校説明会

第1回　9月28日（土）
14:00〜
［部活動相談］

第2回　10月19日（土）
14:00〜
［明星の国際教育］

第3回　11月16日（土）
14:00〜
［生徒が作る説明会］

第4回　11月24日（日）
10:00〜
［卒業生ディスカッション］

第5回　12月 1日（日）
10:00〜
［入試出題傾向］

※予約不要

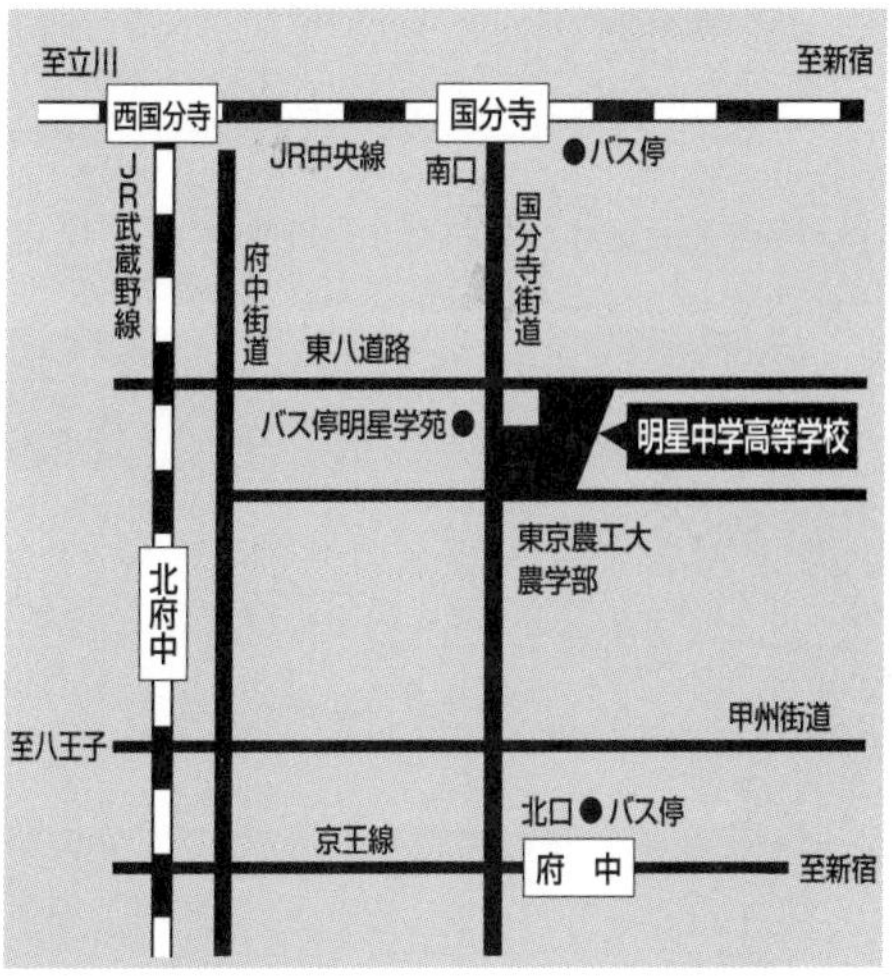

明星祭／受験相談室

9月21日（土）・22日（日）
9:00〜15:00
※予約不要

学校見学

月〜金　9:00〜16:00
土　9:00〜14:00

※日曜・祝日はお休みです。
※事前にご予約のうえ
ご来校ください。

ご予約、お問い合わせは入学広報室まで　TEL.FAX.メールで どうぞ

明星高等学校

MEISEI

〒183-8531　東京都府中市栄町１－１　入学広報室
TEL 042-368-5201（直通）　FAX 042-368-5872（直通）
（ホームページ）　http://www.meisei.ac.jp/hs/
（E-mail）　pass@pr.meisei.ac.jp

交通／京王線「府中駅」
　　ＪＲ中央線／西武線「国分寺駅」
　　　より徒歩約 20 分
　　　またはバス（両駅とも 2 番乗場）約 7 分「明星学苑」下車
　　ＪＲ武蔵野線「北府中駅」より徒歩約15分

なんとなく得した気分になる話

生徒

先生

身の回りにある、知っていると
勉強の役に立つかもしれない知識をお届け!!

食べ続けるとどうなる？

近ごろ、おなかが空いてたまらない。このまま食べ続けたら太っちゃうよ…。

まあ若いうちは、どんどん食べなさい。

他人事だと思って、勝手なこと言うなあ…。

だって、考えてごらん。食べ続けるといっても、限界というのがあるだろ。絶対に食べ終わりが来るさ。そう思わないか？

そうだけど。なんかね。食べ終わりが来ない気がするんだよ。

じゃあ、一度食べ続けてみるといい。きっと、食べ続けられないから…。

お母さんが、「そんなムダなことやめなさい！」って、言うに違いないよ。

じゃあ、先生からお母さんに頼んであげようか？「一度、お子さんに食べ飽きるぐらいまで食べさせてください」って。

やめてよ！　余計なことしないで。家族ゲンカになるからさあ…。

先生は家族ゲンカなんか望んでないよ。君が食べ終わる気がしないって言うから、提案したのに。じゃあ、こんな方法は？

どんな方法？　ダイエットとか聞いてないからね！

食べる量を段々減らしていく方法だよ。

えっ？　どういうこと？

例えば、お茶碗に1膳ぶんのご飯を食べる。その次は、この半分、つまりお茶碗の半分のご飯を食べる。その次は、さらに半分。つまり、お茶碗の$\frac{1}{4}$のご飯を食べる。これをずっと続けると…。

また、「数学」みたいなんですけど…。で、結局どうなるの？

食べ終わる。

そうかなあ…。食べ終わるとは思えないよ。かえって、段々、食べる量が減って、おなかがさらに空く気がするのは気のせい？

往々にして、大食いと言われている方々は、早食いなんだよ。満腹感を感じるというのは、脳からの指令だから、早食いをすると脳からの指令が出る前に、たくさんの食べものを体内に与えてしまうわけ。なので、ゆっくり食べると、脳からの指令が出る前の段階では、食べる量が以前よりかなり減るはず。簡単に言えば、ゆっくり食べると満腹感が脳から来る前までの食べる量を減らすことができるってわけ。

へえ～。「数学」だと思ったら「保健」ってわけね。すると、さっきのお茶碗の半分ずつ食べる話と、どうつながるの？

つまり、何度もお代わりをすることで、一旦、食事タイムを切ることができるわけだから、時間を稼ぐことができる。ということは、脳からの指令が出るのを待つことができるわけだ。すなわち、量を減らすことに成功するわけだ！

なんか、先生偉そうだよ。それより、お茶碗の半分ずつをお代わりし続けると、相当な量だよね。それに終わりが無いし…。

いや、君の方がいつも偉そうだ。うん、いいところに気づいたね。さあ、ここからが本題だ！お茶碗1膳のご飯を食べて、次にその半分の量のご飯を食べて、さらにその半分の量のご飯を食べ続けるとだ、

$$1+\frac{1}{2}+\frac{1}{4}+\frac{1}{8}+\frac{1}{16}+\cdots=2$$

えっ？　たったの2膳？　まじで？

すごいだろ！　量は減ること間違いない。

でもどうして、ずっと食べ続けてるのに2膳なの？

ちょっと、難しい話なんだけど、$\frac{1}{2}+\frac{1}{4}+\frac{1}{8}+\frac{1}{16}+\cdots$の部分を目で確かめてみよう。$\frac{1}{2}$は紙の半分、$\frac{1}{4}$は残りの紙の半分、$\frac{1}{8}$はさらに残りの半分…と色を塗ってみると、ずっと、1枚の紙のなかで済んでしまうだろ。
だから、$\frac{1}{2}+\frac{1}{4}+\frac{1}{8}+\frac{1}{16}+\cdots=1$になるわけ。はじめのお茶碗1膳ぶんを足して、$1+\frac{1}{2}+\frac{1}{4}+\frac{1}{8}+\frac{1}{16}+\cdots=2$になると言うわけ。

結局、先生はいつものように「数学」を語ったね。

もとはと言えば、君が「どうして？」ってネタを振ったんだぞ！　私が悪いのではなく、君の質問に答えただけ。

先生はボクの誘導作戦にまんまと引っかかったわけ！

もっと素直になればいいのに（笑）。

優れた環境と少人数教育で社会に貢献する人材を育てる

●高1・特進コースと高2・3の難関大学突破コースで難関大学への合格をめざす
●英検×留学×オリジナル教科「21世紀」のグローバル・スタディーズ・プログラムで「世界へ」

学校説明会	オープンキャンパス
10月 12日（土）　**11月　2日**（土） **11月　9日**（土）　**11月 16日**（土） **11月 30日**（土）　いずれも **14:30～**	**明法祭**（文化祭）**9月28日**（土）・**29日**（日）
※会場はいずれも本校です。上履きをご持参ください。	※オープンキャンパスでも説明会（個別相談会）を行います。

●過去5カ年（09春～13年春）大学入試合格実績

東大2名　一橋大1名　東京外大1名　北海道大1名　首都大9名　農工大5名
その他の国公立大24名
早稲田・慶應・上智・ICU・東理76名　GMARCH（学明青立中法）大206名
日本・東洋・駒澤・専修大228名（卒業生総数694名）

〔アクセス〕ＪＲ立川駅北口、ＪＲ武蔵野線新小平駅、西武新宿線久米川駅南口からバス　西武拝島・国分寺線小川駅より徒歩

明法高等学校

〒189-0024 東京都東村山市富士見町2丁目4-12　TEL:042-393-5611（代）　FAX:042-391-7129

http://www.meiho.ed.jp　明法 で 検索

メールマガジン配信中。本校ホームページより登録できます。

こちらのQRコードから
本校の携帯サイトに
どうぞ!!

早稲田摂陵高等学校

Waseda-Setsuryo High School

未来をひらく、確かな力。

平成26年度
入試説明会

開催場所：早大キャンパス

第1回 **10月6日(日)**

第2回 **11月3日(日)**

早稲田大学推薦入学枠40名程度

国公立大学や関関同立をはじめとする難関私立大学を志望する生徒に対しても、きめ細やかで手厚い指導を実践しています。

音楽隊、ウィンドバンドを経て受け継がれる、50年余の伝統とサウンド

普通科吹奏楽コース

学園敷地内に生徒寮完備

学園敷地内に生徒寮(OSAKA WASEDA HOUSE新清和寮)を完備。全国より生徒を募り、早稲田大学を希望する生徒の拠点としての役割を果たします。

早稲田大学系属

早稲田摂陵高等学校

ホームページ ▸ 早稲田摂陵 検索

〒567-0051 大阪府茨木市宿久庄7-20-1
TEL.072(643)6363(代表)　072(640)5570(生徒募集室)
FAX.072(640)5571(生徒募集室)

大阪モノレール「彩都西」駅より徒歩15分

受験情報

Educational Column

15歳の考現学

さらに「到達度評価」に
傾いていく都立高校入試

私立 INSIDE

私立高校受験

「学校説明会」に行こう
東京私立高校説明会日程

公立 CLOSE UP

公立高校受験

都立高校の推薦入試は
どう変わったか?

BASIC LECTURE

高校入試の基礎知識

千葉県公立高校の
来年度入試

東京都立

都立高「学力検査」の改善を検討

東京都教育委員会は都立高校の入試について、「学力検査に基づく選抜」の改善を2015年度実施をめざして検討を始めた。

改善の視点は次の3点。①学力検査に基づく選抜における選抜方法、選抜尺度などが、高校入学までに中学校で身につけるべき「基礎的・基本的な知識・技能」や「課題を解決するために必要な思考力・判断力・表現力等」を的確に問えているか検証。②学校の設置目的に応じて、適切な選抜方法、選抜尺度となるように改善。③これまで各都立高校に委ねていた具体的な選抜方法について、課程や学科などに基づき共通化・簡素化を図り、中学生にとってわかりやすい制度にする。

千葉公立

県立佐倉に「理数科」を来春設置

千葉県教育委員会は、県立佐倉に「理数科」を設置することを決め、2014年度入学生から募集を始める。これで県立佐倉は全日制普通科と全日制理数科の2学科体制となる。理数科では、将来の国際的な科学技術系人材を育成することを主眼に、スーパーサイエンスハイスクールの指定もめざすという。

千葉公立に理数科が設置されるのは、県立柏、県立船橋、県立佐原、県立匝瑳、県立成東、県立長生、市立千葉、市立銚子に続き、県立佐倉が9校目。

Educational Column

森上《もりがみ》 展安《のぶやす》

森上教育研究所所長。1953年、岡山県生まれ。早稲田大学卒業。進学塾経営などを経て、1987年に「森上教育研究所」を設立。「受験」をキーワードに幅広く教育問題をあつかう。近著に『教育時論』（英潮社）や『入りやすくてお得な学校』『中学受験図鑑』（ともにダイヤモンド社）などがある。

15歳の考現学

さらに「到達度評価」に傾いていく都立高校入試
私立高校含め他県公立高校など
高校入試全体に影響していく可能性大

続く都立高校入試改革
到達度測定型めざす方向か

少し前になりますが都教委から発表があり、都立高校の入試改革をさらに考えている、とのことです。都教委のホームページにそんな告知がありました。

これはどういうことかというと、細かい説明のない文章なのでミスリードになってはいけないのですが、おそらく以下のようなことではないかと考えます。

その中身は、すなわち、都立高校は高校グループごとに到達目標を設定するという方針を明確に打ち出しました。つまり、学習のゴールを明らかにして、グループ所属校の教育目標を明示することにしたわけです。

高校は選抜して生徒を受け入れているのですから、スタート地点の位置は決められるのです。しかし、これまではスタート地点を決めているにもかかわらず、集団準拠なのでいわば偏差値序列で決めていたといってもよいのです。いうまでもなくそれは相対的なものですから、受験生の集団のレベルに左右されることになります。

しかし、到達目標という考え方からいけば、本来、その目標が明らかにだれでもわかるように示されなければ目標たりえないわけです。そしてその目標にいたる指導のカリキュラムを作成するには、指導を始める最初の段階がどのような学習到達度にあるのかを調べ、それに応じてそのカリキュラムを変容させていく必要があります。

そのために入試の機能の一部が使われるのですが、前述の考え方からいえばその入試も到達目標を示し、どのような学習到達度かを測定する必要があります。いわばスタートポイントを明らかにする入試が始まる、といってもよいでしょう。

これが従来の相対評価の入試問題では必ずしも明示的ではなく、偏差値という序列づけで判断するだけで、入学してから改めてクラス分けテストなどをしてスタート地点を測定し直すしかなかったのです。

しかし、そうではなく、当初から入学時点の到達点が明示され、卒業時の到達点が明示されていれば、その間のカリキュラムはかなり組みやすくなります。

高校3カ年でできることは何時間と限られていますから、入口と出口の到達度目標がはっきりしていてこそ具体的なカリキュラムもできようというものでしょう。

じつは入試というのは儒教文化圏といわれる国に特有なもので、欧米にはありません。

そして、教育機能からいえば、学習到達度を測定して、いかに学力がついているかを診断し教育計画をつねに見直していく必要があります。あるいは教育方法を変化、進化させていく必要があります。

いわば教育のコースをデザインし、生徒はそのデザインを見て、どの教育を受けるのが自分にとって最善かを選択できることが大切です。

ですから同じスタートライン、同じゴールであっても、途中のコースはさまざまであってよいし、多様性があった方が、より生徒1人ひとりに最適化できる可能性があります。

おそらく東京都が考えていることは、全体として以上のような方向にあるのではないでしょうか。

そうすると入試といっても中学卒業認定（中学課程の学習理解度）に近い性格を持つものになりそうです。

その入試の求める学力が具体的にどのようなものかが明示され、かつ、その到達基準がスコアなどで数字化できれば、検定のようなイメージで入試が考えられることになるでしょう。

これはいま、文部科学省が進めている大学入試センター試験の廃止、新センター入試構想と軌を一にするものです。

もっとも、以上は筆者が勝手に考えていることで、都教委の真意はまだ明らかにされていないことを念のために言い添えておきます。

検定試験型になれば合否の見通しがしやすい

みなさまは、では、それでなにが変わるのか、と思われるでしょうね。

筆者はこう思います。

すなわち、例えばこれまでの入試の多くは総合形式で、さまざまな学習単元が融合され、総合的な問題に仕立てあげられ、通常の学校の学習だけでは太刀打ちできないもの、と相場が決まっていました。

そんな出題形式よりは、検定テストにみられるように、各学習単元の理解が定着しているかどうか、ということに重きをおいたテストになる可能性が大きいのではないか、と思います。

一方で、総合形式として科目にとらわれない、かつ解答もいく通りかあるような問題もありうるかもしれません。

いずれにしてもこうした場合到達度が測られるので、テストに対する高い正答率が求められるでしょう。

テストの得点がバラツキの出るような誤答誘導するような設問ではなく、ステップを踏んで解いていけば必ず正解するような問題が多く出されることになるかもしれません。合否の見通しが事前につきやすくなりますね。

もし、都立の入試がそのように姿を変えたとき、「高校入試状況」にどんな変化が起こるでしょうか。

まず私立高校の従来の一般入試が現状のままで変わらなければ、受験生は相変わらずの1回勝負1点勝負の世界ですから、結果を知るまでは落ち着いて高校生活のことは考えられません。一方の都立高校は事前に合否の見通しはつきやすいでしょうから、先々の高校生活を見通しやすいでしょう。

こうなると私立よりも都立を選択する生徒が多くなるのは避けられそうもない気がします。

そもそも都立は、入学後の学習の到達目標を明示する予定ですから学業面の不安は少なく、大学進学の予定も立てやすいですね。

ひょっとして塾通いも必要なくなるのでは？ と思う人も少なくないでしょう。

確かに、なにが出るかわからない入試問題と対峙している現在と比べて、日ごろの勉強を確認するような入試となれば合格ニーズの塾通いは大幅に減少するかもしれませんね。

しかし、一方で学習到達度のレベルを学校グループごとに変える、という新しい仕組みに対して、どのレベルを選ぶことが、より望ましいか、というニーズはあります。いわば、ローレベルからミドルレベルにあげたい、あるいはハイレベルを維持したい、などです。

こうしたレベルアップのニーズは依然として残るでしょうし、すでにレベルに達している人は、より深く学びたい、ということもありえますね。

こうして都立高入試の行方は大きな影響を与えそうな気がします。もちろん他県公立の入試のあり方にも影響が現れざるをえません。

本欄でもこの行方はしっかりフォローしたいと思います。

ともあれ、わが国が落ち着いた学習社会になっていくためには、今後かなりの変革が試されることでしょう。

私立 Inside

「学校説明会」に行こう
東京私立高校説明会日程

今月は東京の私立高校について、学校説明会日程を地域別一覧にしました。効率よく学校をまわって志望校を決めましょう。日程、会場について、変更の場合もありますので、必ず学校ＨＰ等で確認してください。とくに体育祭は、学校以外で開催される場合が多くありますのでご注意ください。

（協力・新教育研究協会）

進学可能性のある学校には必ず足を運びましょう

学校説明会に出かけるうえで、まず念頭においてほしいことは、進学可能性のある学校には、併願校も含め必ず足を運ぶ、ということです。

入試では、なにが起きるかわかりません。もし不本意な結果に終わり、実際に進学するとは思っていなかった学校に進まねばならない場合も出てきます。そのとき、一度もその学校を見学しておらず、学校内容の一片も知らずに進学することは危険です。入学してからミスマッチに気づき、つらい3年間を過ごすのはあなた自身です。

進学可能性のある学校には、一度は訪れ、学校を知っておきましょう。

地区	高校名	男女	学校説明会	文化祭	体育祭
千代田区	錦城学園	共	10/26、11/16、12/1・7（各 14:00）、すべて予約不要	錦城祭 9/21・22 見学可	終了
	正則学園	男	10/26（14:00）、11/8（18:00）、11/10、12/1（各 10:00）、12/7（14:00）、すべて予約不要	紫紺祭 9/21・22 見学可	体育祭 10/24 見学可
	東洋	共	10/13（10:00 と 14:00）、11/4（14:00）、11/23、12/8（各 10:00 と 14:00）、すべて要予約	東洋祭 10/26・27 見学可	非公開
	神田女学園	女	11/2・30、12/7、1/11（各 14:00）、入試問題解説会 11/16（14:00）	姫竹祭 9/28・29 見学可	非公開
	二松學舍大学附属	共	10/14（10:00）、10/26（14:00）、11/8（18:00）、11/24、12/1、1/5（各 10:00）、すべて予約不要	二松學舍祭 9/28・29 見学可	終了
	千代田女学園	女	10/12（10:00）、11/2（13:30）、11/23（10:00）、12/7（13:30）、※ 11/23 と 12/7 のみ要予約、詳細は要 HP 確認	学園祭 9/28・29 見学可	非公開
	東京家政学院	女	10/27（10:00）、11/16・30（各 14:00）、12/26（11:00）、詳細は要 HP 確認	常磐祭 9/28・29 見学可	常磐祭 9/10 見学可
港区	正則	共	9/7 ～ 21 の毎土曜、10/19・27、11/2 ～ 12/14 の毎土・日、1/11・25（各 14:00）、すべて要予約	正則学院祭 10/5・6 見学可	非公開
	東海大学付属高輪台	共	10/27、11/16、12/8（各 10:00）、すべて予約不要	建学祭 10/12・13 見学可	体育祭 10/4 見学可
	慶應義塾女子	女	9/28（9:30 と 11:30）、予約不要、詳細は要 HP 確認	十月祭 10/13・14 見学可	非公開
	広尾学園	共	10/26、11/30（各 10:00）、すべて要予約	けやき祭 10/5・6 見学可	非公開
	東京女子学園	女	10/19（10:00）、10/26（13:30）、11/16・24（各 10:00）、11/30（13:30）、12/8（10:00 と 13:30）	梅香祭 9/21・22 見学可	非公開
	明治学院	共	10/19、11/9、12/14（各 14:00）、すべて予約不要	オリーブ祭 9/21・23 見学可	非公開
品川区	小野学園女子	女	10/20（13:30）、11/30（10:00 と 14:00）、12/7（13:30）、12/8（10:00）、12/14（13:30）、すべて予約不要	志ら梅祭 10/5・6 見学可	終了
	青稜	共	10/19、11/2・16・30（各 14:30）、すべて予約不要	青稜祭 9/22・23 見学可	終了
	朋優学院	共	10/19・26、11/2・9・16・30、12/7（各 14:00）、12/14（10:00）、すべて予約不要	虹色祭 9/28・29 見学可	非公開

地区	高校名	男女	学校説明会	文化祭	体育祭
品川区	品川エトワール女子	女	10/27、11/4・10・24、12/1・7（各14:00）、12/11（18:00）、すべて予約不要	秋輝祭 9/28・29 見学可	終了
	文教大学付属	共	10/5（14:00）、11/4・30（各10:30）、すべて予約不要、※ミニ説明会 10/18、11/27、12/5、1/15（各11:00）	白蓉祭 9/14・15 見学可	非公開
	日本音楽	女	9/14、10/19·26（各13:00）、11/10（10:00）、11/30、12/7、1/11（各13:00）	終了	実施しない
大田区	日体荏原	共	11/3・10・17・24、12/1（各10:00）、12/7（14:30）、すべて予約不要	荏原祭 10/12・13 見学可	終了
	大森学園	共	9/28、10/12・19、11/9・16・25・30、12/7、1/11、すべて予約不要、時間等の詳細は要HP確認	学園祭 9/21・22 見学可	終了
	東京実業	共	9/28、10/27、11/23、12/1·7·14、1/11（各10:00）、保護者向け説明会 11/20（18:00）	オープンハイスクール 11/15・16 見学可	非公開
	蒲田女子	女	9/28、10/19、11/9（各14:30）、11/17（10:00）、11/30、12/7（各14:30）、詳細は要HP確認	有竹祭 9/22 見学可	非公開
	東京	共	10/19（14:00）、11/3（10:00と14:00）、11/16（14:00）、11/23（10:00と14:00）、11/30（14:00）、12/7（14:00）、すべて予約不要	いちょう祭 9/21・22 見学可	終了
	立正大学付属立正	共	10/5、11/16（各14:00）、すべて予約不要・要上履	立正祭 11/3・4 見学可	終了
新宿区	成城	男	11/2・30（各10:00）、すべて予約不要	成城祭 9/14・15 見学可	非公開
	保善	男	10/5・26、11/16・30、12/7（各10:00）、すべて予約不要	保善祭 9/14・15 見学可	終了
	成女	女	9/28（13:00）、10/12（10:00）、11/23（14:00）、11/30（13:00）、すべて予約不要	創立記念祭 11/2・3 見学可	非公開
	目白研心	共	10/26、11/16、12/7（各14:00）、すべて予約不要	桐陽祭 9/21・22 見学可	終了
渋谷区	富士見丘	女	9/29（10:30）、10/19（10:00）、11/23·30（各13:00）、12/7（10:00）	文化祭 9/27〜29 見学可	終了
	青山学院	共	10/12、11/9（各13:00）、すべて予約不要	文化祭 9/14・16 見学可	非公開
	國學院	共	10/19、11/9・30、12/7（各14:00）、すべて予約不要	國高祭 9/22・23 見学可	終了
	関東国際	共	10/19、11/9（各14:00予約不要）、11/23（10:00予約不要）、12/1・7（各10:00と14:00予約不要）	学園祭 10/26・27 見学可	実施しない
目黒区	自由ヶ丘学園	男	9/7・21、10/5・19、11/9（各14:00）、11/15（18:30）、11/23（10:00）、11/30（14:00）、12/7・8・14（各10:00）	鳳凰祭 11/2・3 見学可	
	日本工業大学駒場	共	全コース説明会 11/4（10:00と14:00）、学科別 9/28、10/12・26、11/23（工業10:00、普通14:00）、11/30（普通10:00）、12/7（工業10:00）	日駒祭 9/14・15 見学可	終了
	東京学園	男	10/12、11/9・30、12/7（各13:30）、すべて予約不要	東学祭 11/2・3 見学可	終了
	目黒学院	共	10/27、11/2・9・17・23・30、12/7・8・14（各14:30）、すべて予約不要、詳細は要HP確認	梧林祭 10/5・6 見学可	非公開
	トキワ松学園	女	10/12（10:00）、11/30、12/7（各14:30）、すべて要予約・要上履	トキワ祭 9/28・29 見学可	終了
	日出	共	9/28（14:00）、10/19（10:00）、11/9（14:00）、11/30、12/8（10:00と14:00）、1/11（14:00）、すべて予約不要	すずかけ祭 9/21・22 見学可	体育祭 10/1 見学可
	多摩大学目黒	共	10/26、11/9、12/7（各14:30）、すべて予約不要	颯戻祭 9/14・15 見学可	終了
	八雲学園	女	見学会 10/19、11/30（各9:00）、すべて予約不要	文化祭 10/12・13 見学可	体育祭 9/19 見学可
世田谷区	国士舘	共	10/19、11/30（各10:00）、すべて予約不要、※施設見学・個別相談の希望者は要上履	秋楓祭 11/2・3 見学可	体育祭 10/3 見学可
	駒澤大学	共	10/26、11/2・23、12/7（各15:00予定）、すべて予約不要、詳細は要HP確認	駒大高祭 9/28・29 見学可	非公開
	駒場学園	共	10/19・26、11/9・16・30、12/7（各15:00）、すて予約不要	若駒祭 9/15・16 見学可	終了
	日本学園	男	10/26、11/9・30、12/7、1/11（各14:00）、すべて予約不要	日学祭 9/28・29 見学可	終了
	国本女子	女	10/12（14:00）、10/26・27（各12:30）、11/2（10:00）、11/23（10:00と14:00）、11/30、12/7（各14:00）、12/6（18:00）、12/8（10:00）	記念祭 10/26・27 見学可	体育祭 9/14 見学可
	佼成学園女子	女	10/13、11/3・24・30（各14:00）、すべて予約不要	乙女祭 9/21・22 見学可	終了
	松蔭	共	10/12、11/3・23、12/7（各13:00）、すべて予約不要	松蔭祭 10/26・27 見学可	終了
	下北沢成徳	女	10/12・26（各14:00）、11/1（19:00）、11/16（14:00）、11/23（10:00）、11/30、12/7（各14:00）	のぞみ祭 9/14・15 見学可	非公開
	大東学園	共	11/2・9・16・17・23・24・30、12/1・7・8・14（各10:00と12:00と14:00）、12/3・5・10・12（各16:00）	大東祭 10/5・6 見学可	非公開

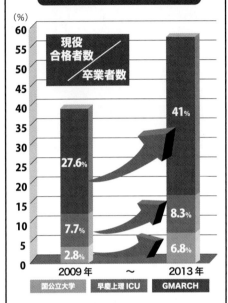

地区	高校名	男女	学校説明会	文化祭	体育祭
世田谷区	玉川聖学院	女	10/19、11/23（各 14:00）、12/7（10:00）、すべて予約不要	学院祭 9/14・16 見学可	終了
	戸板女子	女	説明会 11/30（10:00）、見学会 9/7、10/5、11/9、12/7（各 14:00）、12/25（10:00）	戸板祭 10/26・27 見学可	非公開
	東京都市大学等々力	共	9/21、10/19、11/23、12/22（各 14:30 と 15:00）、すべて要予約、詳細は要 HP 確認	藍桐祭 10/5・6 見学可	終了
	日本女子体育大学附属二階堂	女	11/2（14:00）、11/10・24（各 11:00）、すべて予約不要	二階堂祭 10/19・20 見学可	終了
	東京農業大学第一	共	9/16、11/10・30（各 14:00）、すべて予約不要、会場：東京農業大学百周年記念講堂	桜花祭 9/28・29 見学可	実施しない
	日本大学櫻丘	共	10/12、11/16・30（各 14:00）、すべて予約不要・要上履、会場：日本大学文理学部百周年記念館	櫻高祭 9/15・16 見学可	非公開
	成城学園	共	10/5、11/16、12/7（各 14:00）、すべて予約不要	芙蓉祭 11/2・3 見学可	体育祭 10/9 見学可
	科学技術学園	男	11/2・9・16（各 10:30）、11/30、12/7（各 10:30 と 14:00）、12/10（18:00）、1/11（10:30）	かるた祭 10/19 見学可	かるた祭 11/7 見学可
杉並区	佼成学園	男	9/14、10/19、11/9（各 14:00）、11/22（18:00）、12/7（14:00）、すべて予約不要	渦潮祭 9/21・22 見学可	実施しない
	専修大学附属	共	10/5、11/2・16、12/7（各 14:00）、すべて予約不要	いずみ祭 9/28・29 見学可	非公開
	文化学園大学杉並	女	10/12・26（各 14:00）、11/7（19:00）、11/23・30（各 14:00）、すべて予約不要・要上履	薔薇祭 9/28・29 見学可	終了
	杉並学院	共	10/26、11/2・16・30、12/7（各 14:30）、すべて予約不要	杉学祭 9/14・15 見学可	非公開
	女子美術大学付属	女	9/28、11/16（各 14:00）、※ミニ説明会 10/26（12:00 と 15:00）、10/27（11:30 と 13:30）、12/7、1/11（各 16:00）	女子美祭 10/26・27 見学可	終了
	東京立正	共	10/6（10:00）、10/26、11/9・23・30、12/7（各 14:00）	紫苑祭 10/5・6 見学可	終了
	國學院大學久我山	別	10/12（男女合同 12:15）、11/9（女子 15:15、男子 15:30）、すべて予約不要	久我山祭 9/28・29 見学可	終了
	日本大学第二	共	10/12、11/30（各 14:30）、すべて予約不要、推薦入試説明会 12 月中旬実施予定（詳細は要 HP 確認）	銀杏祭 9/14・15 見学可	終了
	日本大学鶴ヶ丘	共	10/5・26、11/16（各 14:30）、すべて予約不要	鶴ヶ丘祭 9/14・15 見学可	非公開
	中央大学杉並	共	10/26・27（各 10:00 予約不要）、12/14（14:00 要予約）、すべて要上履	緑苑祭 10/26・27 見学可	体育祭 9/21 見学可
中野区	明治大学付属中野	男	10/12（14:00）、11/17（10:00）、すべて予約不要	桜山祭 9/21・22 見学可	非公開
	新渡戸文化	女	10/5、11/24・30、12/7、1/6（各 14:00）	新渡戸祭 10/26・27 見学可	終了
	宝仙学園女子部	女	11/30、12/7（各 14:30）、すべて予約不要	宝仙祭 10/26・27 見学可	終了
	宝仙学園共学部	共	9/21、10/12（各 14:30）、11/3・30（各 10:30）、12/7（14:30）、すべて予約不要	宝仙祭 10/26・27 見学可	終了
	東亜学園	共	10/27、11/3・10・24、12/1・7・8（各 13:00）、すべて予約不要	東亜祭 9/21・22 見学可	体育祭 9/28 見学可
	堀越	共	10/19、11/10（各 10:00 と 14:00）、すべて予約不要	堀越祭 10/5・6 見学可	堀越祭 9/29 見学可
	実践学園	共	10/26、11/16・24・30、12/7（各 14:30）、すべて予約不要・要上履	実践祭 9/21・22 見学可	終了
練馬区	早稲田大学高等学院	男	10/5（15:00）、10/6、11/17（各 14:00）、すべて予約不要、会場：早大大隈記念講堂（早稲田）	学院祭 10/12・13 見学可	非公開
	東京女子学院	女	10/5・19、11/2・30、12/21（各 14:00）、詳細は要 HP 確認	芙蓉祭 9/21・22 見学可	体育祭 10/13 見学可
文京区	郁文館	共	10/5・6（各 11:00）、10/12、11/16・30（各 14:00）、12/21（14:00）、すべて要予約	郁秋祭 10/5・6 見学可	終了
	郁文館グローバル	共	10/5・6（各 11:00）、10/12、11/16・30（各 14:00）、12/21（14:00）、すべて要予約	郁秋祭 10/5・6 見学可	終了
	京北	男	9/21（10:00）、10/27、11/23（各 11:30）、11/30（14:00）、12/8（10:00）、12/15（13:30 ※この日は会場：東洋大白山）、すべて要予約、本校は北区赤羽台に移転中（赤羽岩淵）	京北祭 10/6 見学可	非公開
	京北学園白山	男	平成 26 ～ 28 年度の間は募集休止。平成 29 年度より募集再開の予定。		
	昭和第一	共	10/12、11/9・16・30、12/7（各 14:00）、すべて予約不要	一高祭 9/21・22 見学可	終了
	日本大学豊山	男	9/29、10/26、11/23（各 10:30）、すべて予約不要	豊山祭 9/21・22 見学可	終了
	京華	男	9/14、10/12（各 14:30）、11/10（10:30）、11/17（14:00）、11/23（10:00）、12/1（15:00）、すべて予約不要・要上履	京華祭 10/26・27 見学可	体育祭 10/5 見学可
	淑徳 SC 高等部	女	10/27（11:00）、11/17・23、12/1・8（各 11:00 と 14:00）、12/15・22、1/12・19（各 11:00）	なでしこ祭 11/2・3 見学可	終了
	貞静学園	共	10/5・27、11/10・17・23・24・30、12/1・7・8・15・22、1/11（各 14:00）、すべて予約不要	ひなづる祭 9/21・22 見学可	終了

地区	高校名	男女	学校説明会	文化祭	体育祭
文京区	東洋女子	女	9/14、10/5・19、11/4・16・30、12/7（各14:30、予約不要）、すべて要上履	秋桜祭 9/23・24 見学可	終了
	文京学院大学女子	女	10/26、11/30、12/7（各 14:00）、詳細は要 HP 確認	文女祭 9/28・29 見学可	非公開
	村田女子	女	10/12、11/9・16・30、12/7・14（各 14:00）、すべて予約不要・要上履	むらた祭 9/28・29 見学可	終了
	京華女子	女	9/16（13:00）、10/5（14:00）、11/9（10:30）、11/17（10:00）、11/30、12/7、12/26（各 14:00）、詳細は要 HP 確認	京華祭 10/26・27 見学可	体育祭 9/29 見学可
	京華商業	共	9/14、10/12、11/16・23・30、12/7（各 14:00）、12/8（10:00）、すべて予約不要	京華祭 10/26・27 見学可	体育祭 9/25 見学可
	駒込	共	10/26、11/16、12/7、1/11（各 14:00）	玉蘭祭 9/21・22 見学可	体育祭 10/5 見学可
	東京音楽大学付属	共	11/2・3（各 10:30）、12/23（会場：東京音楽大学 J 館）、すべて予約不要	音羽祭 11/2・3 見学可	非公開
	東邦音楽大学附属東邦	共	10/26（13:00）、要予約	終了	実施しない
	中央大学	共	9/28、10/26（各 14:00）、11/24（11:00）、すべて予約不要	終了	非公開
豊島区	学習院高等科	男	10/12（15:00）、予約不要	鳳桜祭 11/2・3 見学可	非公開
	巣鴨	男	10/12、11/16（各 10:00）、すべて予約不要・要上履、会場：浮間校舎（JR 埼京線浮間舟渡１分）	巣園祭 9/15・16 見学可	巣園祭 9/20 見学可
	豊島学院	共	10/6・26・27、11/2・9・16・23・30（11/9・23 は各 10:00、ほかはすべて 14:30）	豊昭祭 9/21・22 見学可	非公開
	昭和鉄道	共	10/12（10:00）11/10・24（各 14:30）、すべて予約不要・要上履	豊昭祭 9/21・22 見学可	非公開
	本郷	男	10/12、11/16、12/7（各 14:00）、すべて予約不要・要上履	本郷祭 9/21・22 見学可	終了
	十文字	女	10/12・26、11/9・23、12/7（各 14:00）、すべて予約不要	十文字祭 9/21・22 見学可	終了
	淑徳巣鴨	共	10/11（19:30 要予約）、11/23（14:00 予約不要）	淑鴨祭 9/28・29 見学可	非公開
	豊島岡女子学園	女	10/26、11/16（各 10:00～11:30）、すべて予約不要、豊島岡生による学校紹介 9/14（9:30 と 13:30 要予約）	桃李祭 11/3・4 見学可	運動会 10/13 見学可
	豊南	共	9/28、10/26（各 14:00）、11/9（9:30 要予約）、12/7・21（各 14:00）、1/13（10:00）、すべて要上履	銀杏祭 9/14・15 見学可	非公開
	城西大学附属城西	共	10/5・19、11/16・30、1/11（各 14:30）、すべて予約不要	しいの木祭 9/28・29 見学可	終了
	川村	女	10/22・23・24、11/16・17（時間は要 HP 確認）、詳細は要 HP 確認	学園祭 11/16・17 見学可	非公開
	立教池袋	男	9/28（14:30）	R.I.F 11/2・3 見学可	非公開
北区	安部学院	女	10/26、11/10・16・23・30、12/7・14（各 14:00）、すべて予約不要・要上履	実施しない	非公開
	桜丘	共	9/14、10/12・26、11/9・16・23、12/7（各 14:00）、すべて予約不要	桜華祭 9/29 見学可	非公開
	星美学園	女	9/21、10/19（各 14:00）、11/10（10:00）、すべて予約不要	星美彩 10/12・13 見学可	体育祭 9/28 見学可
	成立学園	共	10/14、11/2・16・30（各 13:00）、すべて予約不要	成立祭 9/28・29 見学可	終了
	瀧野川女子学園	女	9/21（14:00）、10/12（13:00）、10/26、11/9（各 14:00）、11/22（18:30）、11/30（14:00）、12/21（10:00）	学園祭 9/28・29 見学可	終了
	東京成徳大学	共	9/15（要予約）、10/13、11/4･17、12/7（各予約不要）、特進コース説明会 10/13（要予約）、時間は要 HP 確認	桐蔭祭 9/28・29 見学可	終了
	武蔵野	共	10/12･26、11/16（各 13:00）、11/30、12/7（各 10:00 と 12:00）、12/21、1/11（各 13:00）、すべて予約不要	終了	体育祭 9/12 見学可
	順天	共	9/14（都外生 13:00、都内生 15:00）、10/19、11/16（各都外生 9:00、都内生 13:00）	北斗祭 9/22・23 見学可	非公開
	駿台学園	共	9/18（18:00）、10/19・26、11/2・16・30、12/7・14（各 13:30）、※ 9/18 のみ要予約、ほかは予約不要	駿台学園祭 9/28・29 見学可	終了
	京北	男	9/21（10:00）、10/27、11/23（各 11:30 と 15:00）、11/30（14:00 と 15:30）、12/8（10:00 と 13:30）、12/15（会場：東洋大白山、13:30）	京北祭 10/6 見学可	運動会 9/18 見学可
	京北学園白山	男	平成 26～28 年度は募集休止、29 年度より募集再開の予定。		
板橋区	芝浦工業大学	男	9/14、11/16（各 10:30）、すべて予約不要	芝生祭 9/28・29 見学可	非公開
	城北	男	10/12、11/23（各 13:30）、すべて予約不要	文化祭 9/28・29 見学可	体育祭 9/14 見学可
	大東文化大学第一	共	9/14、10/5・12・19、11/9・16・30、12/7・14（各 14:00）、すべて予約不要	雄飛祭 9/28・29 見学可	体育祭 10/30 見学可
	淑徳	共	9/22、10/27、11/4・24（各 14:00）、11/30（14:30）、12/15（14:00）、すべて予約不要・要上履	光輪祭 9/14・15 見学可	非公開

地区	高校名	男女	学校説明会	文化祭	体育祭
板橋区	東京家政大学附属女子	女	9/14、10/12（各14:00）、11/4・17（各10:00）、12/7（14:00）、すべて予約不要	緑苑祭10/26・27見学可	非公開
	日本大学豊山女子	女	10/26、11/23、12/7（各13:00）、すべて予約不要	秋桜祭9/21・22見学可	終了
	帝京	共	9/21、10/12（各13:30）、10/27（11:00）、11/2（13:30）、11/17（11:00）、11/30（13:30）、すべて予約不要	蜂桜祭10/5・6見学可	非公開
中央区	日本橋女学館	女	10/5、11/2・17・30、12/7（各14:00）、すべて予約不要	女学館祭9/22・23見学可	終了
台東区	岩倉	共	9/28、10/27、11/9・17・30、12/7（各14:00 ※10/27と11/17は10:30もあり）、1/5(10:30)、すべて予約不要	岩倉祭10/12・13見学可	体育祭10/19見学可
	上野学園	共	9/21（13:30）、9/22（10:00）、10/19（14:00）、11/23（13:00）、12/1・7（各14:00）、すべて要予約	桜鏡祭9/21・22見学可	体育大会10/29見学可
荒川区	開成	男	10/20（9:30）、要予約	文化祭9/22・23見学可	終了
	北豊島	女	9/21、10/5・19、11/2・16、12/7（各14:00）、すべて要予約	北桜祭10/12・13見学可	非公開
足立区	足立学園	男	10/19、11/9・30（各14:00）、すべて予約不要・要上履	学園祭9/21・22見学可	終了
	潤徳女子	女	10/6・27、11/4（各14:00）、11/5（各18:00）、11/23（10:00）、12/8（14:00）、1/7（18:00）、すべて予約不要・要上履。	うるおい祭9/28・29見学可	うるおい祭10/12見学可
墨田区	日本大学第一	共	9/28、10/12、11/23（各10:00と14:00）、すべて要予約	櫻墨祭9/21・22見学可	櫻墨祭10/8見学可
	安田学園	共	10/12、11/9・30、12/7（各14:30）、すべて予約不要	安田祭10/26・27見学可	非公開
葛飾区	共栄学園	共	10/6・27、11/10・24、12/8（各14:00）、すべて予約不要	終了	体育祭10/3見学可
	修徳	共	10/26、11/2・16・23・30（各14:00）、すべて予約不要	修徳祭11/1見学可	体育祭9/25見学可
江東区	中央学院大学中央	共	10/26、11/23、12/7（各14:00）、すべて予約不要、要上履	中央祭11/10見学可	非公開
江戸川区	関東第一	共	10/12・26、11/3（各14:00）、11/9・23、12/7（各10:00と14:00）、1/11（10:00）、すべて予約不要	関一祭9/14・15見学可	非公開
	愛国	女	10/12（10:00）、11/10（10:00と14:00）、11/13（17:30）、11/23、12/1（各10:00と14:00）、12/8、1/13（各10:00）、すべて予約不要・要上履。	なでしこ祭9/14・15見学可	創立記念祭11/3見学可
	江戸川女子	女	10/19、11/9・16、12/7（各14:00）、すべて予約不要	終了	非公開
八王子市	工学院大学附属	共	9/14（10:00）、10/5、11/16・30、12/7（各14:00）	夢工祭9/28・29見学可	体育祭10/25見学可
	聖パウロ学園	共	11/9・23・30（各10:00）、12/1（会場：八王子市学園都市センター10:00）、12/7（会場：京王プラザホテル八王子10:00）、12/8（10:00）	パウロ祭9/28・29見学可	終了
	共立女子第二	女	9/28（10:30）、10/26、11/30（各14:00）、すべて予約不要・要上履	白亜祭9/14・15見学可	終了
	東京純心女子	女	9/14・15（各11:00）、10/19（時間未定）、11/9（10:30）、予約等の詳細は要HP確認	純心祭9/14・15見学可	非公開
	八王子実践	共	10/26、11/2・9・16（各14:00）、11/23（10:00と13:00）、11/30（14:00）、12/7（10:00と13:00）、すべて予約不要	明鏡祭9/14見学可	体育祭9/25見学可
	八王子学園八王子	共	9/28（全コース13:00）、9/14、10/19・26、11/2・9・16・30、12/7・14（文理特進各11:00、文進・文普各13:00と14:30）	八学祭9/28・29見学可	非公開
	帝京八王子	共	9/14、10/14・26（各14:00）、11/2・16・30（14:00）、すべて予約不要	蔦高祭10/13・14見学可	非公開
	明大中野八王子	共	10/19、11/30（各14:30）、すべて予約不要	戸富貴祭10/26・27見学可	終了
	帝京大学	共	10/5、11/9、12/7（各14:00）、すべて予約不要	邂逅祭11/2・3見学可	非公開
町田市	鶴川	女	10/5・12・26、11/2・9・16、12/7・14・21（各10:00）、すべて要予約	文化祭10/19見学可	終了
	日本大学第三	共	10/19、11/16、12/7（各13:45）、すべて予約不要	三黌祭9/28・29見学可	終了
	桜美林	共	9/28、10/26、11/30、12/7（各14:00）、すべて予約不要・要上履	桜空祭9/21・22見学可	終了
	玉川学園高等部	共	9/14（10:00）、10/19、11/9、12/7（各13:30）	ペガサス祭9/14・15見学可	体育祭10/5見学可
	和光	共	9/28、10/19、11/23・30、12/8（各13:30）、すべて予約不要	和光祭11/2・3見学可	非公開
立川市	昭和第一学園	共	11/9・16（各14:00）、11/23（10:00）、12/1（10:00と14:00）、すべて予約不要	菊葉祭9/21・22見学可	体育祭10/10見学可
	立川女子	女	10/26（10:00と14:00）、11/2（12:00と14:00）、11/23・30、12/7（各10:00と14:00）、12/26（13:00）	撫子祭11/2・3見学可	非公開

地区	高校名	男女	学校説明会	文化祭	体育祭
昭島市	啓明学園	共	9/14、10/19、11/16、12/7（各 10:00）、すべて予約不要	文化祭 9/21・22 見学可	運動会 10/14 見学可
あきる野市	東海大学菅生	共	10/19、11/9・16（各 13:30）、11/23、12/1（各 10:00）、12/7（13:30）、すべて予約不要・要上履	菅生祭 9/22・23 見学可	非公開
武蔵野市	藤村女子	女	10/19、11/9･16（各 14:00）、11/23（9:00）、11/30（14:00）、すべて予約不要	藤村祭 9/21・22 見学可	演技発表会 10/16 見学可
	成蹊	共	10/26、11/30（各 13:30）、すべて予約不要	蹊祭 9/28・29 見学可	非公開
	聖徳学園	共	9/14（10:00）、10/26（10:30）、10/28（19:00）、11/9・30（各 10:00）、12/2（19:00）、すべて要予約	太子祭 10/5・6 見学可	終了
小金井市	中央大学附属	共	11/30（14:00 予約不要）、ミニ説明会 10/12（13:00 要予約）	白門祭 9/22・23 見学可	体育祭 10/5 見学可
	東京電機大学	共	10/12、11/9、12/7（各 14:00）、すべて予約不要	武蔵野祭 9/21・22 見学可	非公開
	国際基督教大学	共	10/12、11/9（各 14:00）、すべて予約不要・要上履	学校祭 9/16・17 見学可	非公開
西東京市	文華女子	女	10/13・27、11/4・17（各 10:00）、11/24・30（各 14:00）、12/1（10:00）、12/8（14:00）、すべて予約不要	文華祭 9/14・15 見学可	終了
	武蔵野女子学院	女	9/21、10/26、11/23、12/7（各 14:00）、すべて予約不要	樹華祭 10/12・13 見学可	樹華祭 9/28 見学可
東久留米市	自由学園高等科	別	女子部 10/26（11:00）、12/7（14:30）、男子部終了	野の花祭（女子部）9/14・15 見学可	体操会 10/12 見学可
小平市	錦城	共	10/13･27、11/10（各 10:00）、11/16（14:00）、11/23（10:00）、すべて予約不要・要上履	錦城祭 9/14・15 見学可	非公開
	白梅学園	女	10/20、11/2・17・23、12/1（各 10:00）、すべて予約不要	白梅祭 9/15 見学可	非公開
	創価	共	10/13（10:00 と 13:30）、要上履、予約等の詳細は要 HP 確認	学園祭 10/5・6 見学可	実施しない
武蔵村山市	拓殖大学第一	共	10/19（10:00）、11/2・9・30（各 14:00）、すべて予約不要・要上履	拓高祭 9/15・16 見学可	非公開
東村山市	明治学院東村山	共	9/28、11/16、12/7、1/11（各 14:00）、すべて予約不要	ヘボン祭 11/2・4 見学可	終了
	明法	男	9/28・29、10/12、11/2・9・16・30（各 14:30）、すべて要上履	明法祭 9/28・29 見学可	終了
	日体桜華	女	10/19、11/2・9・30、12/8（各 14:30）、すべて予約不要	桜華祭 9/14・15 見学可	終了
国分寺市	早稲田実業学校	共	一般入試対象 10/12・13（各 14:00）、推薦入試対象 10/19（14:00）、すべて予約不要	いなほ祭 10/5・6 見学可	体育祭 9/25 見学可
清瀬市	東星学園	共	9/7、10/19(各 14:00)、※見学会 11/9(10:30)、すべて要予約・要上履、詳細は要 HP 確認	終了	体育祭 10/12 見学可
三鷹市	大成	共	10/27、11/4･17･24（各 14:00）、12/1（10:00）、12/7（14:00）、すべて予約不要	大成祭 9/22・23 見学可	非公開
	明星学園	共	10/6（10:00）、11/9（14:00）、11/22（18:00）、12/1（10:00）、12/7（14:00）、すべて予約不要	明星祭 9/21・22 見学可	非公開
	法政大学	共	10/12（14:30）、11/16（13:20 と 15:30）、11/30（13:20 と 15:30）、すべて要予約	鈴掛祭 9/21・22 見学可	非公開
調布市	桐朋女子　音楽	共	10/20（オープンキャンパス）、詳細は要 HP 確認	桐朋祭 11/2・3 見学可	非公開
	桐朋女子　普通	女	10/19（13:00）、11/16（10:00）、ナイト説明会 9/13（時間は要 HP 確認）	桐朋祭 9/28・29 見学可	終了
	明治大学付属明治	共	9/14（14:00）、10/19、11/16（各 10:00 と 14:00）、すべて予約不要・要上履	紫紺祭 11/2・3 見学可	実施しない
府中市	明星	共	9/28、10/19、11/16（各 14:00）、11/24、12/1（各 10:00）、すべて予約不要	明星祭 9/21・22 見学可	終了
国立市	桐朋	男	10/5、12/7（各 14:00）、すべて予約不要・要上履	終了	非公開
	国立音楽大学附属	共	10/5（10:00）、11/2（13:30）、11/9、12/1（各 14:00）、すべて予約不要	芸術祭 9/21・22 見学可	非公開
多摩市	多摩大学附属聖ヶ丘	共	10/12、11/9（各 14:00）、すべて予約不要 ※高校入試の具体的内容は個別に説明（詳細は要 HP 確認）	聖祭 9/15・16 見学可	非公開
稲城市	駒沢学園女子	女	9/14、10/5、11/16、12/7（各 13:30）、すべて予約不要	りんどう祭 10/19・20 見学可	終了

※日程、会場について、変更の場合もありますので、かならず学校ＨＰ等で確認してください。
とくに体育祭は、学校以外で開催される場合があります。

公立 Close up

都立高校の推薦入試はどう変わったか？

今春の入試から大幅に変わった都立高校の推薦入試。おもな変更点は3つあります。集団討論が初めて導入され、どんな選考が行われたか注目されました。調査書の成績で合否が決まっていたといわれる推薦入試は、今回の変更で逆転が多く生まれたのでしょうか。

安田教育研究所　副代表　平松享

推薦のなにが変わったか 変更点と検査の順番

変更点の1つ目は「推薦枠の縮小」です。そのうち、普通科に関するものをあげると、**日比谷**、**西**などの学区の学校は、推薦枠の上限が一律20％になりました。しかし、もともと20％の学校がほとんどでしたから影響はありませんでした。

新宿など普通科単位制と、**白鷗**など併設型中高一貫校は50％から30％と大幅な縮小でしたが、上位校は昨年までに縮小していた学校が多く、影響は少なかったようです。

変更点の2つ目は「調査書点の割合を全体の50％以下に止める」ことで、上位の学校のほとんどが、50％と限度いっぱいに設定しましたが、そのなかで**西**は900点満点の360点と、40％に抑えています。

3つ目は「小論文又は作文」と「集団討論・個人面接」を原則全校で実施すること、です。また、それらの得点結果の分布表を、3月中に各学校がHP上に公開することになりました。各検査の点数が相対的に分布して、合否が調査書の評価に偏らないようにするためでした。

検査は、多くの学校で「小論文又は作文」→「集団討論」→「個人面接」の順で進みました。検査日を2日間とした学校では、1日目に「集団討論」、2日目に「個人面接」を行い、受検者の多い学校では「集団討論」に複数のテーマを用意して、午前、午後に分けて実施しました。

初めて導入された「集団討論」には、受検生の多くが不安を抱いていました。詳しい情報がなかったからです。**日比谷**では、出願日の1月24日、応募者に「Q＆A」を配るとともに、その内容をHP上にアップしました。一部を紹介しましょう。

Q 集団討論では面接委員と受検者の人数はどのようになりますか。

A 面接委員2～3名に対し、受検者5～6名となる予定です。

Q 集団討論の時間はどれくらいですか。

A 一つの集団について、受検者が6名の場合は約30分、5名の場合は約25分を予定しています。

Q 集団討論は、面接委員主導型ですか、それとも受検者での自由な討論型ですか。

A 面接委員主導型で行います。受検者の中から司会役を出していただくこともありません。面接委員からの投げかけに応じて話し合いをしていただきます。例えば、集団討論のテーマが与えられ、それについての自分の考えを述べたり、他の受検者の考えを聞いて自分の意見を述べたりする形式が主となります。

Q 集団討論と個人面接の配点があわせて300点となっていますが、その内訳はどのようになりますか。

A 集団討論と個人面接は同じ面接委員が担当し、総合的に評価をします。集団討論と個人面接で別々に配点を設けているわけではありません。

Q評価の観点について、わかりやすく説明して下さい。

A 集団討論と個人面接に共通な「評価の観点」は、①リーダーシップ・協調性 ②コミュニケーション能力 ③思考力・判断力・表現力 の3つです。集団討論では、面接委員からの求めに応じて自分の考えや意見を述べる場面があります。その際、受検者が、自分の頭で考え、それを自分の言葉で表現する力をみていきます。同時に、周囲の考えや意見に耳を傾け、それに対する自分の判断や意見を伝える力もみていきます。

討論の実際を見てみると内容やテーマはさまざま

実際の討論は、普通教室に生徒用の椅子を半円形（または円形）に並べ、受検者5～6人に先生2～3人がついて、25～30分程度行われました。

テーマは、多くの学校で開始直後に口頭で伝えられ、はじめに考える時間を2～3分取ったあと、討論に入る学校が多くありました。司会は先生が行ったり、生徒の1人が行いました。

「議論のテンポが速すぎてついていけなかった」学校から、単なる「集団面接みたい」な学校まで、討論の内容はさまざまだったようです。

表1に進学指導重点校など、進学指導研究協議会に参加する学校の、集団討論のテーマ、時間、先生と生徒の数、司会はだれが務めたか、などをまとめました。ただし、実際に受検した生徒のアンケートからまとめたもので、一部で異なる内容もあったかもしれません（㈱進学研究会調べ）。

【表1】

学校名	集団討論のテーマ	時間	先生対生徒	司会	備考
日比谷	リーダーシップを発揮する上で大切なもの	30分	2対6	先生	挙手制で1人ひとりが意見を言う→他の意見を聞き自分の体験を含め発言→まとめや感想の時間なし
西	内閣府の「国民の意識調査のグラフ（これからの生活で、豊かになりたいか、物質面で豊かになりたいか）」のグラフから読みとれることについて、自由に討論	30分	2対6	任意	テーマが与えられ司会進行も含め自由討論（「討論をはじめなさい」とだけ指示）
国立	中学校のごみを減らすには	20分	2対6	生徒	最初は先生が司会で1人ずつ1分間意見→他の意見を聞いたうえでさらに1回ずつ発言　最後に生徒のみで10～15分程度の自由討論
戸山	充実した高校生活を送るために必要なこと	30分	3対6	任意	テーマ以外指示なし 司会を置くかどうかも任せられる
八王子東	2つの文章を読んで、その内容について討論（お年寄りがおかれている状況とその原因、それに対して私たちができること）	30分	3対6	任意	最初1人ひとり意見を発言後、自由討論 司会を置くかどうかはグループに任せられる
青山	・地球温暖化を抑制するには ・地域とのつながりの大切さ〔グループにより異なる〕	15分	3対6	生徒	司会はグループ内で決める（司会者なしでもよい）
立川	成人年齢を18歳に引き下げた時の問題点と対応策	30分	3対6	任意	1人ずつ意見を述べ、討論開始　司会を置くかどうかも任せられる
小山台	漂着した無人島に船から持っていくものについて、優先順位をつけるとしたら（20個程度の物の名前が書かれたプリントが配られる）	30分	2対6	生徒	司会はグループ内で決める（司会を立てなくてもよい）
駒場	リーダーに求められる資質	20分	2対6	先生	1人ずつ意見発言後、自由討論
新宿	選挙権を18歳に引き下げるべきか否か資料（20～80代までの有権者数と投票率のグラフ／世界各国の選挙権が与えられる年齢）が配られる	30分	3対7	先生	最初1人ひとりの意見を発表し、その後挙手制で自由討論
町田	自由と勝手きままの違いについて	20分	3対7	任意	テーマが与えられ自由に討論　司会を置くかどうかも任せられる
国分寺	係活動（生徒会や委員会を含む）で困ったらどうするか（経験を踏まえて）	30分	2対7	先生	最初1人1分で自分の体験をふまえ意見発表。その後、挙手制で討論
国際	インターネットで情報を得ることの利点・問題点	20分	3対6	任意	テーマが与えられ自由討論　司会の設定については指示なし　最後1人1分で最終意見を述べる
白鷗	あなたのクラスは読書数が最低だった原因と改善策は？	30分	3対6	生徒	司会はグループ内で決める場合ととくに決めず進行するケースあり
両国	留学生（男女各1）に対して、東京観光の案内を行うことになった際、その行き先と、案内するときに気をつけること	35分	3対7	生徒	話し合いで司会を決める　1人ずつ意見を発表し、その後自由討論
大泉	携帯電話について（利点と課題、理想的な使い方）	30分	3対6	生徒	司会はグループ内で決める（司会なしでもよい）1人ずつ意見を述べ、その後討論
富士	国境をなくし、世界は1つの国となることができるか	30分	3対6	先生	1人ずつ意見を発表後、個々に質問　その後自由討論（挙手制）
武蔵	再生可能なエネルギーの意義と課題（発言1→自分の考え、発言2→他人の考えを聞いてからの付け加え、発言3→課題の改善策）	40分	3対7	先生	発言は3回、すべて1分以内に意見をまとめる。挙手制

逆転の可能性は大 推薦入試の対策は？

逆転が起きたかどうか、その可能性について**日比谷**を例に考えてみま

【グラフ 1】
集団討論・個人面接点の分布（日比谷）

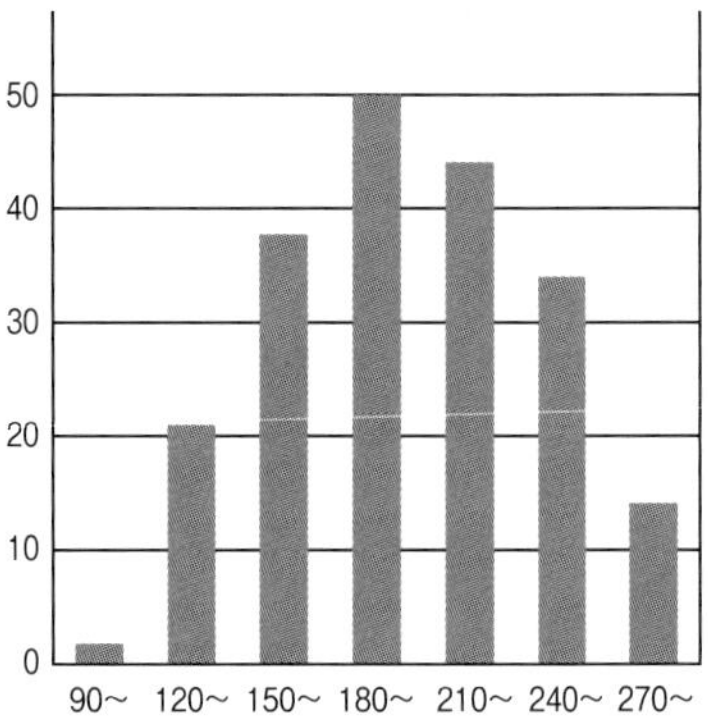

【グラフ 2】
小論文の得点分布（日比谷）

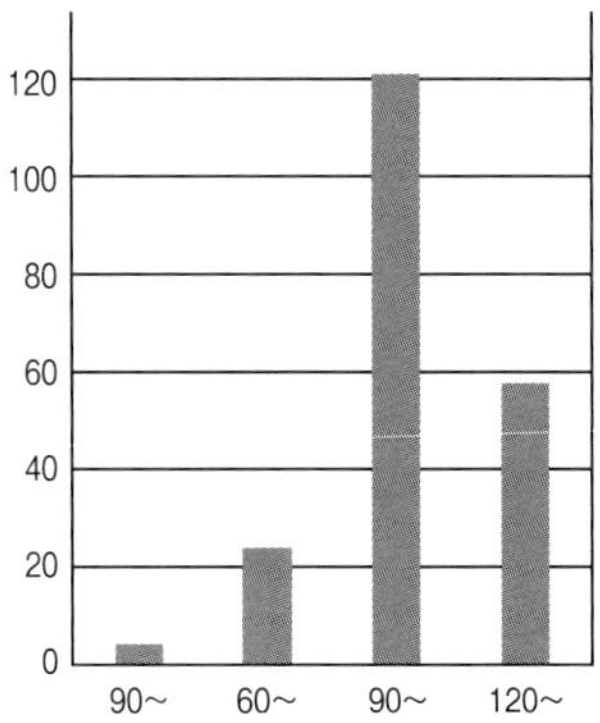

【表 2】

指定等	学校名	定員枠	満点		
			調査書	集団討論・面接	作文、小論文、実技等
進学指導重点校	日比谷	20%	450	300	小論文 150
	戸山	20%	400	200	小論文 200
	青山	10%	450	150	小論文 300
	西	20%	360	240	作文 300
	八王子東	20%	500	200	小論文 300
	立川	20%	500	200	小論文 300
	国立	20%	500	200	小論文 300
進学指導特別推進校	小山台	20%	450	200	小論文 250
	新宿	10%	450	180	小論文 270
	駒場	20%	360	180	作文 180
	町田	20%	450	250	小論文 200
	国分寺	30%	300	200	作文 100
進学指導推進校	国際	30%	500	200	小論文 300
	三田	20%	300	150	小論文 150
	豊多摩	20%	450	300	作文 150
	竹早	20%	500	250	作文 250
	北園	20%	500	300	作文 200
	江北	20%	450	150	作文 300
	小松川	20%	500	250	作文 250
	城東	20%	400	200	小論文 200
	江戸川	20%	300	200	作文 100
	日野台	20%	450	225	作文 225
	昭和	20%	450	300	作文 150
	武蔵野北	20%	450	225	作文 225
	小金井北	20%	500	250	小論文 250
	調布北	20%	500	250	作文 250
併設型中高一貫	大泉	20%	450	250	作文 200
	富士	20%	450	200	作文 250
	白鷗	20%	500	300	作文 200
	両国	30%	500	300	小論文 200
	武蔵	30%	500	200	小論文 300

しょう。

日比谷の各検査の得点と総合得点に占める割合は、「調査書」４５０点（50％）、「集団討論・個人面接」３００点（33％）、「小論文」１５０点（17％）で、受検者の「調査書」の成績はオール5か、その付近とみられ、調査書点は４２０〜４５０点に分布すると考えられます。

一方で「集団討論・個人面接」と「小論文」の得点は**グラフ１・２**のように広く分布しています。調査書点が満点の受検者も20〜30点程度のリードでは、その他の検査で簡単に逆転されてしまうでしょう。

日比谷以外の学校でも、そのほかの検査の得点分布が広いことで、調査書点の差を上回る得点を取り、逆転するケースは数多く起こったと想像できます。

つまり、推薦入試の合格のためには、調査書の得点を高くすることが第一ですが、たとえ低くても、ほかの検査の得点力が高ければ、合格の可能性はあると言えそうです。

作文や小論文では、つねに自分で考える習慣を身につけることが必要になります。集団討論でも、95ページに記した**日比谷**の「Q＆A」の最後の棒線を引いた部分がポイントになります。

今年、都立の推薦入試は大きく変わりましたが、その準備には、日ごろの勉強の仕方が大事という点では、これまでと同じということになりそうです。

千葉県公立高校の来年度入試 前期2日目の独自問題実施校 減少して千葉東1校のみに

千葉県教育委員会は7月10日、２０１４年度の「千葉県公立高等学校入学者選抜の検査の内容等について」を発表しました。今月号では、それをふまえて千葉県公立高校の来年度入試について、各校の変更点や千葉公立全体としての動き、傾向などを追ってみます。

負担大きい独自問題は 他都県でも減少傾向に

千葉県公立高校の来春入試は、現在の入試制度になって４年目の実施となりますが、この発表をみると、その内容は、この春までと変わらない印象です。

入試日程も２０１３年度と同じく、前期選抜が2月12・13日に、後期選抜は2月28日に実施されます。

変わった点をあげれば、前期選抜第2日に学校独自問題を実施する学校が３校から１校に減る点でしょう。

千葉公立の前期選抜は2日にわたって行われ、第1日に5教科の学力検査を実施し、第2日に面接、集団討論、自己表現、作文、小論文、適性検査、学校独自問題などのなかから1つ以上を実施します。

来年度は全日制１２８校２０９学科のうち、面接が89校１４５学科、自己表現が38校54学科、適性検査が23校35学科、作文が13校17学科などとなっており、学校独自問題を実施するのは**千葉東**1校のみとなりました。この春の入試までは行っていた**君津**と**市立稲毛**の2校は、学校独自問題の実施を取りやめてしまいました。

２０１０年度入試まで実施されていた「特色化選抜」では、上位校を中心に56校が「学校独自問題」を課していました。

現在の方式に変わった２０１１年、「学校独自問題」は特色化選抜時代の意味合いを重視した前述の３校が、それぞれ学校の特色に合わせ、その学校の先生たちが各校ごとに問題を作成し、この春の２０１３年度入試まで続けられてきました。

行われていた学校独自問題は、その学校の特色に応じて、出題の中心を「応用」「総合」「基礎」の３タイプに分けることができます。「総合」というのは、教科にとらわれない出題が中心で、「応用」ほどではないもの

の決して易しい問題ではありません。

しかし、ここにきて「総合」中心の**君津**、「基礎」中心の**市立稲毛**2校の撤退で、「総合」「基礎」の独自問題校はなくなり、**千葉東**の「応用」のみが残る形となりました。

君津と**市立稲毛**の2日目は面接のみとなります。

なぜ、学校独自問題が消えゆく運命にあるのでしょうか。

前期選抜では1日目に「共通問題による学力検査」を実施し、2日目にも学校独自問題による学力検査を行うことは受験生だけでなく、学校側にも大きな負担があります。

前述の「特色化選抜」で独自問題を実施してきた56校のうち、2011年度の新制度スタート時に「学校独自問題」を実施したのは3校だけだったのも、その負担の重さからだったのでしょう。

2013年度入試では、**千葉東**が英語・数学・国語の3教科から英語・数学の2教科に実施教科数を減らしています。問題を作成し、採点する負担がかなり大きいのでしょう。

近県を見ると、埼玉と神奈川では入試機会が2回から1回に減り、「独自問題」そのものが姿を消しています。

ごく最近、東京都立高校でも、今後「独自問題」から「学校グループ別の共通問題」に移行することが公表されています。

都立高校の現場の先生方に聞くと、「作問して調べてみると、すでに過去問に似た問題があって使えない、ということも起きてきた」とのことで、その大変さは想像に難くありません。

前期2日目実施の検査で作文・小論文は上位14校

千葉公立全校の、前期第2日や後期の「必要に応じて行う検査の内容」については、千葉県教育委員会のHPに『全日制の課程の「前期選抜」及び「後期選抜」の検査の内容等』のタイトルで公表されていますが、以下に気になる学校をピックアップしておきます。

前期の第2日の検査では、**県立千葉**と**東葛飾**が作文、**県立船橋**は普通科・理数科とも面接を実施。後期の「必要に応じて実施する検査」は行いません。

前期の2日目に作文を実施するのは、前記2校のほか、**検見川**、**薬園台**（園芸）、**船橋古和釜**、**国府台**、**鎌ヶ谷**、**小金**、**佐原**（普通・理数とも）、**佐原白楊**、**匝瑳**（普通・理数・英語とも）、**長生**（普通・理数とも）、**市立松戸**（国際人文）の13校。

薬園台（園芸）が小論文から作文に変更して1校増えています。

また、小論文実施校は**市立千葉**（普通・理数とも）1校のみとなりました。作文・小論文の実施校は合わせて14校19学科と少ないのですが、上位校がめだちます。

後期の「必要に応じて実施する検査」を行わない学校は上位校に多く、**県立千葉**、**県立船橋**、**東葛飾**、**千葉女子**、**千葉東**、**薬園台(普通)**、**幕張総合**、**佐原**、**匝瑳**、**長生**、**木更津**、**成東**などとなっています。

8月号の答えと解説

●問題

英語クロスワードパズル

カギを手がかりにクロス面に単語を入れてパズルを完成させましょう。

最後にa～fのマスの文字を順に並べると、ある乗りものの名前が現れます。なんの乗りものでしょうか。

1		2	3 c		4		5
		6					
					7		f
8		9 a					
				10			11
12				d			
b		13			14		
15				16		e	

ヨコのカギ（Across）

1 こん棒、同好会

4 He ___ed me to open the window.
（彼は私に窓を開けてくれるように頼んだ）

6 Please help your___ to the cake.
（どうぞ自由にケーキをお取りください）

7 ___ hard
（大変な努力をする）

8 ⇔east

10 盆、ふちの浅い盛り皿

12 You ___ go home now.
（もう帰っていい）

13 細い、ほっそりした

15 He ___d the horse to a tree.

16 ⇔far

タテのカギ（Down）

1 カラス

2 Will you come with ___ ?
（私たちといっしょに行きませんか）

3 Of all seasons I like spring ___.
（四季のなかで春が一番好きだ）

4 the day ___ tomorrow（明後日）

5 鍵

9 the sixth ___（第六感）

10 They are ___s.
（彼らはふたごです）

11 Half a ___ is six months.

12 Please ___ this cake into eight.

14 Listen to ___.
（私の話を聞きなさい）

●解答　SUBWAY（地下鉄）

解説

クロスワードを完成させると右のようになります。

C	L	U	B		A	S	K
R		S	E	L	F		E
O			S		T	R	Y
W	E	S	T		E		
		E		T	R	A	Y
C	A	N		W			E
U		S	L	I	M		A
T	I	E		N	E	A	R

ヨコ4　ask A to do ＝Aに…してほしいと頼む

ヨコ6　help oneself to ～ ＝ ～を自分で取って食べる

ヨコ15　彼は馬を木につないだ

タテ9　sense＝感覚、センス

タテ11　1年の半分は6カ月です

タテ12　ケーキを8つに切り分けてください

中学生のための学習パズル

今月号の問題

ことわざ穴埋めパズル

例のように、空欄にリストの漢字を当てはめて、下の①～⑧のことわざを完成させましょう。リストに最後まで使われずに残った漢字を使ってできるもう１つのことわざに、最も近い意味を持つことわざは、次の３つのうちどれでしょう？

ア　猫に小判　　**イ**　猿も木から落ちる　　**ウ**　犬も歩けば棒にあたる

【例】□を□らわば□まで　→　毒を食らわば皿まで

①　□は□げ

②　□は□を□ぶ

③　□に□□

④　□□って□□まる

⑤　□□の□も□□から

⑥　□の□に□□

⑦　□□に□□を□る

⑧　□□□れば□□の□□

【リスト】

一	一	雨	河	寄	鬼	急	金
九	恵	呼	固	降	皿	三	死
耳	殊	食	人	生	千	川	善
知	地	童	道	得	毒	念	馬
仏	文	歩	棒	友	里	流	類

8月号学習パズル当選者

全正解者25名

★**鈴木　悠夏**さん（埼玉県川口市・中3）
★**山野　駿介**くん（神奈川県川崎市・中2）
★**宮原　千嗣**くん（東京都葛飾区・中1）

応募方法

●必須記入事項

01　クイズの答え
02　住所
03　氏名（フリガナ）
04　学年
05　年齢
06　右のアンケート解答

◎すべての項目にお答えのうえ、ご応募ください。
◎ハガキ・ＦＡＸ・e-mailのいずれかでご応募ください。
◎正解者のなかから抽選で３名の方に図書カードをプレゼントいたします。
◎当選者の発表は本誌2013年12月号誌上の予定です。

●下記のアンケートにお答えください。

A今月号でおもしろかった記事とその理由
B今後、特集してほしい企画
C今後、取り上げてほしい高校など
Dその他、本誌をお読みになっての感想

◆2013年10月15日（当日消印有効）

◆あて先

〒101-0047　東京都千代田区内神田2-4-2
グローバル教育出版　サクセス編集室
FAX：03-5939-6014
e-mail:success15@g-ap.com

挑戦!!

朋《ほう》優《ゆう》学《がく》院《いん》高等学校

問題

次のように，ある規則にしたがって数が並んでいる，次の各問いに答えよ．

$\frac{1}{2}$, $\frac{2}{3}$, $\frac{1}{3}$, $\frac{3}{4}$, $\frac{2}{4}$, $\frac{1}{4}$, $\frac{4}{5}$, $\frac{3}{5}$, $\frac{2}{5}$, $\frac{1}{5}$, $\frac{5}{6}$ …

(1) $\frac{7}{9}$は何番目の数か求めよ．

(2) 50番目の数を求めよ．

(3) 20番目の数までの和を求めよ．

解答 (1) 30番目 (2) $\frac{6}{11}$ (3) $\frac{145}{14}$

- 東京都品川区西大井6-1-23
- 東急大井町線・都営浅草線「中延」、東急大井町線「荏原町」、JR総武線・横須賀線「西大井」徒歩8分
- TEL：03-3784-2131
- URL：http://www.ho-yu.ed.jp/

学校説明会

10月19日（土）14:00～
10月26日（土）14:00～
11月２日（土）14:00～
11月９日（土）14:00～
11月16日（土）14:00～
11月30日（土）14:00～
12月７日（土）14:00～
12月14日（土）10:00～

文化祭

９月28日（土）9:00～15:00
９月29日（日）9:00～15:00
個別入試相談コーナーあり

大《おお》妻《つま》嵐《らん》山《ざん》高等学校

問題

右の図のように，円に内接する四角形ABCDがあり，$AB=\sqrt{6}$である。また，対角線ACとBDは垂直に交わり，その交点をEとする。$\angle BCE=60^\circ$，$\angle CDE=45^\circ$のとき，次の各問いに答えなさい。

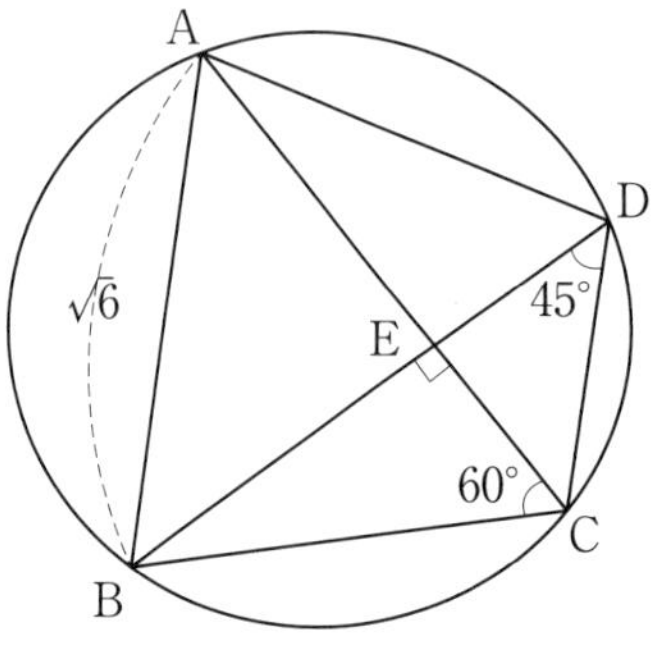

(1) ∠DAEの大きさを求めなさい。

(2) 線分ADの長さを求めなさい。

(3) △ABDの面積を求めなさい。

(4) 四角形ABCDの面積を求めなさい。

(5) 四角形ABCDの周の長さを求めなさい。

解答 (1) 30° (2) 2 (3) $\frac{3+\sqrt{3}}{2}$ (4) $2+\sqrt{3}$ (5) $4+\sqrt{2}+\sqrt{6}$

- 埼玉県比企郡嵐山町菅谷558
- 東武東上線「武蔵嵐山」徒歩13分
- TEL：0493-62-2281
- URL：http://www.otsuma-ranzan.ed.jp/

学校説明会・個別相談会

９月15日（日）
10月27日（日）
11月17日（日）
説明会10:00～11:30
個別相談会11:30～17:00
スクールバス乗車は要電話予約

入試説明会・個別相談会

12月15日（日）
12月22日（日）
入試説明会14:00～15:30
個別相談会14:00～17:00
スクールバス乗車は要電話予約

私立高校の入試問題に

足《あ》立《だち》学《がく》園《えん》高等学校

問題

次の問いに答えなさい。

(1) 座標平面上に点A（－1，2），点B（4，1）がある。x軸上を動く点P（t，0）を考えるときAP＋PBの値が最小となる点Pの座標を求めなさい。

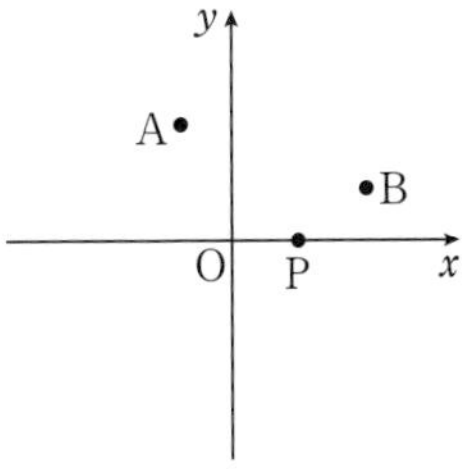

(2) 右の図はAB＝5㎝，AE＝3㎝，AD＝4㎝の直方体である。辺AB上を動く点Pを考えるとき，EP＋PCの長さが最小になるときのAPの長さを求めなさい。

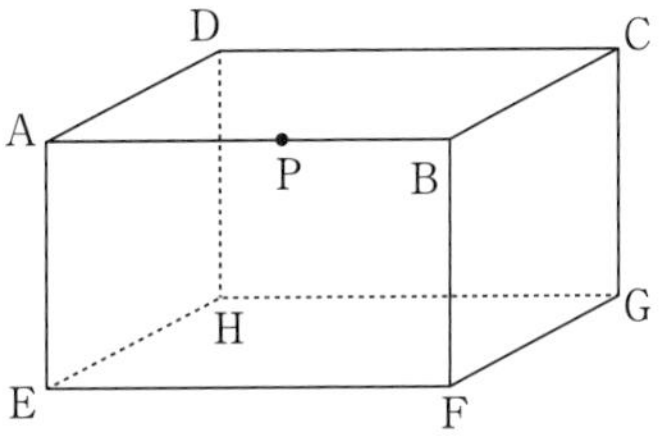

解答 (1) $(\frac{7}{3},\ 0)$　(2) $\frac{15}{7}$cm

東京都足立区千住旭町40-24
JR常磐線ほか「北千住」徒歩1分、京成線「関屋」徒歩7分
TEL　03-3888-5331
URL　http://www.adachigakuen-jh.ed.jp/

説明会

10月19日（土）14:00～
11月９日（土）14:00～
11月30日（土）14:00～
※各回とも個別相談を用意する。

学園祭

9月21日（土）9:30～16:00
9月22日（日）9:00～16:00

北《きた》豊《と》島《しま》高等学校

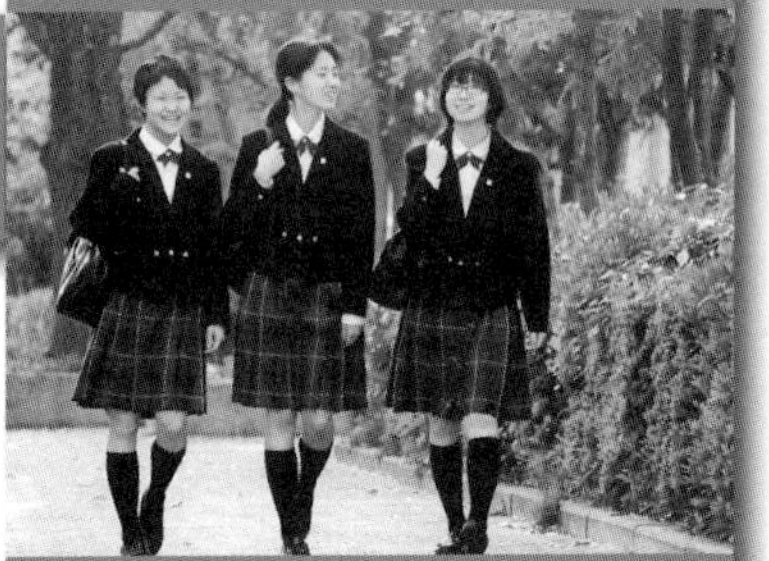

問題

右図のような，円に内接する四角形ABCDの対角線ACとBDとの交点をEとする。線分DEの長さは線分BEよりも4㎝長く，AE＝4㎝，CE＝3㎝とするとき，次の各問いに答えなさい。

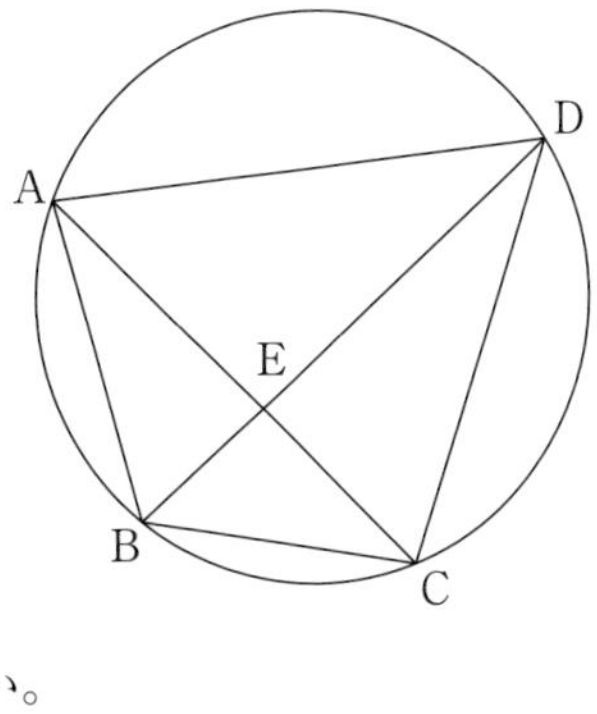

(1) △AEB∽△DECである相似条件を，次のア～ウの中から1つ選び，記号で答えなさい。

ア．3組の辺の比がすべて等しい。
イ．2組の辺の比が等しく，その間の角が等しい。
ウ．2組の角がそれぞれ等しい。

(2) BEの長さを求めなさい。

(3) 四角形ABCDの面積と△AEBの面積の比を求めなさい。

解答 (1) ウ　(2) 2cm　(3) 7：1

東京都荒川区東尾久6-34-24
日暮里・舎人ライナー・都電荒川線「熊野前」徒歩5分、京成線・地下鉄千代田線「町屋」徒歩15分
TEL　03-3895-4490
URL　http://www.kitatoshima.ed.jp/

授業見学会

10月21日（月）～10月26日（土）
11月11日（月）～11月16日（土）
12月２日（月）～12月７日（土）
すべて9:00～12:00　土曜は12:00まで
（土曜日は土曜講座の見学のみ）

学校説明会

９月21日（土）14:00～15:30
10月５日（土）14:00～15:30
10月13日（日）10:00～15:00※
10月19日（土）14:00～15:30
11月２日（土）14:00～15:30
11月16日（土）14:00～15:30
12月７日（土）14:00～15:30
（※文化祭当日随時個別相談）

お便りコーナー

サクセス広場

克服したいこと

高所恐怖症を克服したい。高いところが怖くて、まだスカイツリーにも登っていません。頑張って克服して登ってみようと思います。
（中２・むさしさん）

マラソンが嫌いなんです。毎年マラソン大会でも途中で歩いてしまって…。今年こそはマラソン嫌いを克服して完走したいです！
（中３・42キロさん）

うしろでちょっと物音がしただけで「ヒッ」って声が出てしまうぐらいの**ビビリを直したい**です。ホント毎日友だちにいじられてばっかり！
（中２・ビビリンドル玲奈さん）

英語の長文が読めるようになりたい。受験まであと１年あるので、絶対になんとかします！
（中２・花花さん）

勉強机に座るのが大の苦手。30分も座っていられません。いつも親に怒られています。せめて1時間座れるようにならないとな～。
（中１・あそびたいさん）

めだちたがり過ぎです。どうしてもいつもめだとうとしちゃいます。ダメダメ、と思っていても、気がついたら前に出ています。どうしたらいいでしょうか？
（中３・落ち着きがほしいさん）

飼ってみたい動物

ラクダ。砂漠でラクダに乗って移動するみたいに、町をラクダで移動してみたいです。
（中１・こぶこぶさん）

ヘビを飼ってみたい！　おとなしそうなヘビを飼って、マフラーがわりに首にまいて登校してみたい。
（中３・にょろりさん）

カピバラ!　いっしょに温泉入りたい！
（中３・ツムラさん）

ニワトリ!　昔、おばあちゃんの家ではニワトリを飼っていて、毎朝その玉子を食べていたそうです。新鮮な玉子を食べてみたいです。
（中１・ケンタさん）

アルパカ。あのモフモフで癒やされたい。
（中３・アルパカ中毒さん）

私、ゴキブリが大嫌いなんです。そのゴキブリの天敵みたいな**すごいクモ**がいるって聞いたので、飼ってみたいです。ただ問題が１つあって、そのクモの足が長くて大きいので、そいつ自体も怖いことです。
（中２・足長クモさん）

自分の好きなところ

どこでも眠れるところ。枕が変わってもすぐ眠れるのでみんなにうらやましがられます。
（中２・むーみんさん）

電車のことならなんでもおまかせ！ってくらい**電車に詳しい**ところ。電車の撮影もプロ並みですよ！
（中３・鉄っちゃんさん）

数学が得意なところです。苦手で苦労している友だちを見ていると、得意でよかったと思います（笑）。
（中３・湯川さん）

サラサラの髪の毛です。よく友だちにも「いいね！」って言われて自慢です。
（中１・ラックスさん）

超ポジティブなところです。失敗したり、嫌なことがあっても次の日には忘れちゃいます。
（中１・P.Oさん）

募集中のテーマ

「学校で流行っていること」

「行ってみたい国」

「好きな映画の主人公」

応募〆切 2013年10月15日

必須記入事項

A／テーマ、その理由　B／住所　C／氏名
D／学年　E／ご意見、ご感想など

ハガキ、FAX、メールを下記までどしどしお寄せください!
住所・氏名は正しく書いてください!!
ペンネームは氏名のうしろに(　)で書いてネ!
【例】サク山太郎（サクちゃん）

あて先

〒101-0047　東京都千代田区内神田2-4-2
グローバル教育出版　サクセス編集室
FAX:03-5939-6014　e-mail:success15@g-ap.com

ここにメールしてね!!

success15

ケータイから上のQRコードを読み取り、メールすることもできます。

掲載されたかたには
抽選で図書カードをお届けします!

掲載にあたり一部文章を整理することもございます。個人情報については、図書カードのお届けにのみ使用し、その他の目的では使用いたしません。

アート

レオナール・フジタ ポーラ美術館コレクションを中心に

Leonard Foujita from the Collection of the Pola Museum of Art

8月10日（土）～10月14日（月・祝）
Bunkamura ザ・ミュージアム

レオナール・フジタ（藤田嗣治）《誕生日》1958年 油彩/カンヴァス ポーラ美術館蔵、©ADAGP, Paris & JASPAR,Tokyo,2013 E0469

「乳白色」の秘密からアトリエまで 藤田嗣治の魅力がいっぱい！

フランスで一番有名な日本人画家はだれか知っているかな。エコール・ド・パリの代表的な画家・藤田嗣治（レオナール・フジタ）だ。この展覧会では、フジタが描く独自の肌の質感「乳白色の肌」の考察や、戦後に多く手がけた子どもを主題とした絵画、パリのフジタのアトリエ壁面を飾ったタイル画「小さな職人」シリーズの紹介など、フジタの魅力がぎゅっと詰まった必見の内容となっている。

写真展

岩合光昭写真展 ネコライオン Iwago Mitsuaki CATS & LIONS

8月10日（土）～10月20日（日）
東京都写真美術館

ネコ：オーストラリア アデレード近郊 ライオン：タンザニア ンゴロンゴロ自然保護区 ©Mitsuaki Iwago

似てないようで似てる？ ネコとライオンの摩訶不思議な世界

世界を舞台に活躍する動物写真家・岩合光昭の、ネコとライオンにスポットを当てたユニークな写真展が開催中だ。同じネコ科の動物でも、人間の生活にとけ込むように暮らすネコと野生のサバンナで生きるライオンとは、大きさも生活も異なっているけれど、共通点もある。似ているようで似ていない、似ていないようで似ている、さまざまな表情を見せる摩訶不思議な「ネコライオン」の世界を覗いてみよう。

サクセス イベント スケジュール

9月～10月

世間で注目のイベントを紹介

アート

竹内栖鳳展 ー近代日本画の巨人ー

9月3日（火）～10月14日（月・祝）
東京国立近代美術館

《班猫《はんびょう》》大正13（1924）年 山種美術館 重要文化財 展示期間：9／25－10／14（東京展）、11／12－12／1（京都展）（会期中、展示替えあり。10／22－12／1京都市美術館に巡回）

「その筆は、極限を超える。」 栖鳳の美しき日本画

大胆な構図と細やかな筆づかい、写実的に描かれた動物たちはまるで生きているよう…。戦前の京都画壇を代表する日本画家・竹内栖鳳《せいほう》は、積極的に他派の筆法や西洋絵画の手法を取り入れ、近代日本画史に偉大な足跡を残した人物だ。この展覧会は、栖鳳の代表作、重要作をはじめ、長らく展覧会に出品されてこなかった作品約110点、素描などの資料約60点を見ることができる貴重な機会となっている。

アート

光のイリュージョン 魔法の美術館 Art in Wonderland

9月6日（金）～10月6日（日）
上野の森美術館

アトリエオモヤ《光であそぶ》©Atelier OMOYA

光で遊ぶミュージアムで 現代アートを体感しよう

「光のイリュージョン『魔法の美術館』Art in Wonderland」は、「光」を使った体験型の現代アート展だ。現代アートと聞くと、難解でとっつきにくいというイメージがあるかもしれないけれど、「見る・知る・参加する」を基本に制作されたファンタスティックな光のアートは子どもから大人まで世代を超えて楽しめる。上野の森美術館で、日本を代表するアーティスト11組による19点の光のアートを体験しよう。

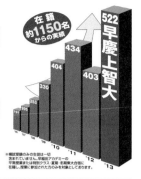

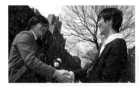

大学受験も 早稲田アカデミー Success18

早稲田アカデミーなら憧れの東大、憧れの早慶上智大、人気のGMARCH理科大に、大きく伸びて現役合格できる

キミの本気をカタチにする。

偏差値40～50台から憧れの早慶上智大へ現役合格できる

サクセス18の早慶上智大合格者の内、実に半数以上が高1の時の偏差値が40～50台だったのです。こうした生徒達は皆サクセス18で大きく学力を伸ばし、第一志望大学現役合格の夢を実現させたのです。次は皆さんの番です。サクセス18スタッフが皆さんの夢の実現をお手伝いします。

1人でもない、大人数に埋もれない、映像でもない「少人数ライブ授業」

生徒と講師が互いにコミュニケーションを取りながら進んでいく、対話型・参加型の少人数でのライブ授業を早稲田アカデミーは大切にしています。講師が一方的に講義を進めるのではなく、講師から質問を投げかけ、皆さんからの応えを受けて、さらに理解を深め、思考力を高めていきます。この生徒と講師が一体となって作り上げる高い学習効果は大教室で行われる授業や映像授業では得られないものです。

授業で終わらない。皆さんの家庭学習の指導も行い、第一志望校現役合格へ導きます

学力を高めるのは授業だけではありません。授業と同じくらい大切なのが、日々の家庭学習や各教科の学習法。効率的に授業の復習ができる家庭学習教材、必ず次回授業で実施される課題のフィードバック。面談で行われる個別の学習方法アドバイス。一人ひとりに最適なプランを提案します。

同じ目標を持つ友人との競争と熱意あふれる講師たち。無限大の伸びを作る環境がある

早稲田アカデミーは、志望校にあわせた学力別クラス編成。同じ目標を持つ友人と競い合い、励ましあいながら、ひとつのチームとして第一志望校合格への道を進んでいきます。少人数ならではでいつでも講師に質問ができ、講師は生徒一人ひとりに直接アドバイスをします。学習空間がもたらす二つの刺激が、大きな学力の伸びをもたらします。

高1からの在籍で偏差値65以上の 早慶上智大 合格者の56%は高校1年生のときには偏差値40～50台だった。

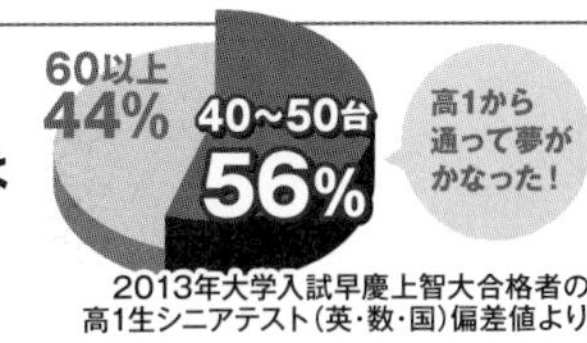

2013年大学入試早慶上智大合格者の高1生シニアテスト（英・数・国）偏差値より

高3対象 日曜特訓 志望校別対策コース

- エキスパート講師陣による1日8時間の特訓授業
- 少人数・学力別クラス
- 志望校別オリジナル教材
- 徹底した確認テスト・添削システム

9月開講 受付中！

東大必勝コース　国立大必勝コース　早慶大必勝コース　難関大必勝コース

［会場］▶ 東大必勝 御茶ノ水校　国立大必勝 渋谷校
早慶大必勝 池袋校・渋谷校・国分寺校　難関大必勝 池袋校・渋谷校・国分寺校

高3対象 東大必勝模試 無料 10/26㊏・27㊐

ネット・携帯で簡単申込み!!

「東大必勝模試」は本番と同じ制限時間、出題形式の完全東大二次型の模試です。また英数国については無料の解説授業も実施します。

時間▶ 26日 14:30～18:55（国語・数学） 27日 9:30～18:00（地歴または理科・英語）
試験科目▶文系：英数国地歴／理系：英数国理科

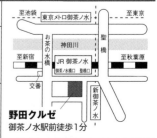

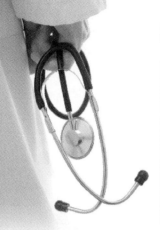

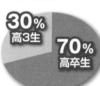

Success15 Back Number

2013
9月号

SSHの魅力に迫る！
東京歴史探訪
SCHOOL EXPRESS
法政大学第二
Focus on
東京都立立川

2013
8月号

現役高校生に聞いた！
中3の夏休みの過ごし方
自由研究のススメ
SCHOOL EXPRESS
中央大学附属
Focus on
埼玉県立浦和

2013
7月号

学校を選ぼう
共学校・男子校・女子校のよさを教えます！
使ってナットク文房具
SCHOOL EXPRESS
栄東
Focus on
神奈川県立横浜翠嵐

2013
6月号

今年出た！ 高校入試の
記述問題にチャレンジ
図書館で勉強しよう
SCHOOL EXPRESS
青山学院高等部
Focus on
東京都立国立

2013
5月号

難関校に合格した
先輩たちの金言
英語で読書
SCHOOL EXPRESS
山手学院
Focus on
東京都立戸山

2013
4月号

早大生、慶大生に聞いた
早稲田大学・慶應義塾大学
学校クイズ
SCHOOL EXPRESS
東邦大学付属東邦
Focus on
千葉市立千葉

2013
3月号

みんなの視野が広がる！
海外修学旅行特集
部屋を片づけ、頭もスッキリ
SCHOOL EXPRESS
早稲田実業学校
Focus on
東京都立日比谷

2013
2月号

これで安心
受験直前マニュアル
知っておきたい2013こんな年！
SCHOOL EXPRESS
城北埼玉
Focus on
神奈川県立横浜緑ヶ丘

2013
1月号

冬休みにやろう！
過去問活用術
お守りに関する深イイ話
SCHOOL EXPRESS
中央大学
Focus on
埼玉県立越谷北

2012
12月号

大学キャンパスツアー特集
憧れの大学を見に行こう！
高校生になったら留学しよう
SCHOOL EXPRESS
筑波大学附属駒場
Focus on
東京都立青山

2012
11月号

効果的に憶えるための
9つのアドバイス
特色ある学校行事
SCHOOL EXPRESS
成城
Focus on
神奈川県立柏陽

2012
10月号

専門学科で深く学ぼう
数学オリンピックに
挑戦!!
SCHOOL EXPRESS
日本大学第二
Focus on
東京都立両国

2012
9月号

まだ間に合うぞ!!
本気の2学期!!
都県別運動部強豪校!!
SCHOOL EXPRESS
巣鴨
Focus on
千葉県立佐倉

2012
8月号

夏にまとめて理科と社会
入試によく出る
著者別読書案内
SCHOOL EXPRESS
國學院大學久我山
Focus on
東京都立西

2012
7月号

高校入試の疑問点15
熱いぜ！ 体育祭！
SCHOOL EXPRESS
開智
Focus on
神奈川県立湘南

2012
6月号

難関校・公立校の
入試問題分析2012
やる気がUPする文房具
SCHOOL EXPRESS
専修大学松戸
Focus on
埼玉県立川越

2012
5月号

先輩に聞く
難関校合格のヒミツ!!
「学校クイズ」に挑戦!!
SCHOOL EXPRESS
筑波大学附属
Focus on
東京都立小山台

サクセス15 バックナンバー 好評発売中！

How to order バックナンバーのお求めは

バックナンバーのご注文は電話・FAX・ホームページにてお受けしております。詳しくは112ページの「information」をご覧ください。

これより前のバックナンバーはホームページでご覧いただけます（http://success.waseda-ac.net/）

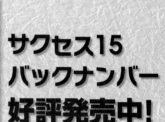

編集後記

２学期が始まりました。気持ちも新たに頑張っている人も多いのではないでしょうか。とくに受験学年の３年生は大事な時期ということもあり、熱心に勉強に取り組んでいることでしょう。今月号では、そんな頑張るみなさんに役立ててもらえるように、３年生は「模擬試験の活用方法」、１・２年生は「英国数の苦手克服方法」を特集しています。

また、長い２学期では、勉強へのモチベーションの維持も大切になってきます。文化祭など行事の多い時期でもあるので、３年生のみなさんは気分転換に志望校の行事を見学に行くのもいいですね。行事では個別入試相談を開催している学校も多いので、活用してみるのもおすすめです。　(H)

Information

『サクセス15』は全国の書店にてお買い求めいただけますが、万が一、書店店頭に見当たらない場合は、書店にてご注文いただくか、弊社販売部、もしくはホームページ（下記）よりご注文ください。送料弊社負担にてお送りします。

定期購読をご希望いただく場合も、上記と同様の方法でご連絡ください。

Opinion, Impression & etc

本誌をお読みになられてのご感想・ご意見・ご提言などがありましたら、ぜひ当編集室までお声をお寄せください。また、「こんな記事が読みたい」というご要望や、「こういうときはどうしたらいいの」といったご質問などもお待ちしております。今後の参考にさせていただきますので、よろしくお願いいたします。

サクセス編集室
TEL 03-5939-7928
FAX 03-5939-6014

高校受験ガイドブック2013 10 サクセス15

発行　2013年9月14日　初版第一刷発行
発行所　株式会社グローバル教育出版
〒101-0047 東京都千代田区内神田2-4-2
TEL　03-3253-5944
FAX　03-3253-5945
http://success.waseda-ac.net
e-mail　success15@g-ap.com
郵便振替　00130-3-779535
編集　サクセス編集室
編集協力　株式会社 早稲田アカデミー

Success15

10月号

Next Issue

11月号は…

Special 1

なりたい職業から考える大学学部特集

Special 2

カフェテリア特集

School Express

慶應義塾志木高等学校

Focus on 公立高校

千葉県立東葛飾高等学校

ISBN978-4-86512-019-6

C6037 ¥800E

定価：本体800円+税

グローバル教育出版

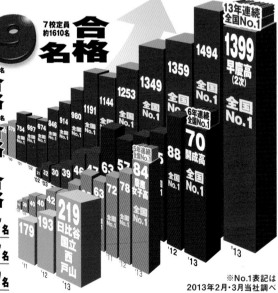

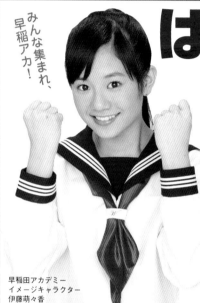

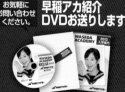